En couverture : reproduction
d'une illustration de Berthold Mahn.

THÈMES ASTROLOGIQUES

ISBN 2-85707-178-7

Maryse Lévy

THÈMES ASTROLOGIQUES

CERVANTÈS
NERVAL
VERLAINE
RIMBAUD
G. NOUVEAU
CHABANEIX

Guy TRÉDANIEL
ÉDITIONS DE LA MAISNIE
76, rue Claude-Bernard
75005 Paris

DU MÊME AUTEUR

Pluton planète lointaine corrélations de l'Astrologie et de l'Histoire — 1958. Les Éd. Véga.

Les astres et les hommes — Poème 1959. Les Éd. Véga. (épuisé).

Onze novembre — Poème 1959. Éd. Chassard.

Chansons pour mon jardin. Poèmes 1974 (épuisé).

L'horloge étoilée Poèmes 1978 — Éd. Grassin. Couronné par la Maison de Poésie et par l'Académie Française.

*A Paris** Poèmes 1978 — Éd. Grassin — Couronné par l'Académie des Jeux Floraux — Médaille d'argent de la Ville de Paris. Souci d'argent de l'Académie des Jeux Floraux.

Suite nervalienne et petit recueil pour mes amis — Poèmes intégrés dans l'Oiseau des Sables.

Petite comptine — semi-manuscrit 1980 et 1981.

Prix Ernest Fleury et Desbordes-Valmore décernés par la Société des Poètes français pour l'ensemble de son œuvre ; prix Madeleine Tual et grand prix de l'Académie poétique de Montmartre.

La maison que j'ai bâtie — semi-manuscrit (1982).

L'Oiseau des Sables — Poèmes — 1983 — Éd. Véga. Éd. de la Maisnie.

*A Paris*** Poèmes 1983 — Éd. Véga. Éd. de la Maisnie. Médaille de Vermeil de la ville de Paris.

Primevère et Violette d'argent de l'Académie des Jeux Floraux. (Toulouse, 1984 et 1985).

CERVANTÈS

Alcala de Hénarès 1547 — Madrid 1616

Pour Cervantès, l'Ascendant Sagittaire, flanqué de Saturne en Capricorne, évoque un centaure vieillissant, mélancolique et génial, émanation zodiacale véridique et rocambolesque de Don Quichotte monté sur Rossinante.

Miguel de Cervantès est-il son immortel personnage ?

En tant qu'humaniste du Siècle d'Or de Charles Quint et Philippe II, ce guerrier victorieux et manchot à Lépante connaissait et consultait son horoscope. Son Ascendant phénoménal n'est que l'image anticipée de son personnage.

Cervantès et Don Quichotte, indiscernables l'un de l'autre, poursuivent dans le Temps leur décevante errance. Dans l'espace terrestre ils ont compris qu'ils n'atteindront pas l'horizon fabuleux qui recule au fur et à mesure qu'ils avancent.

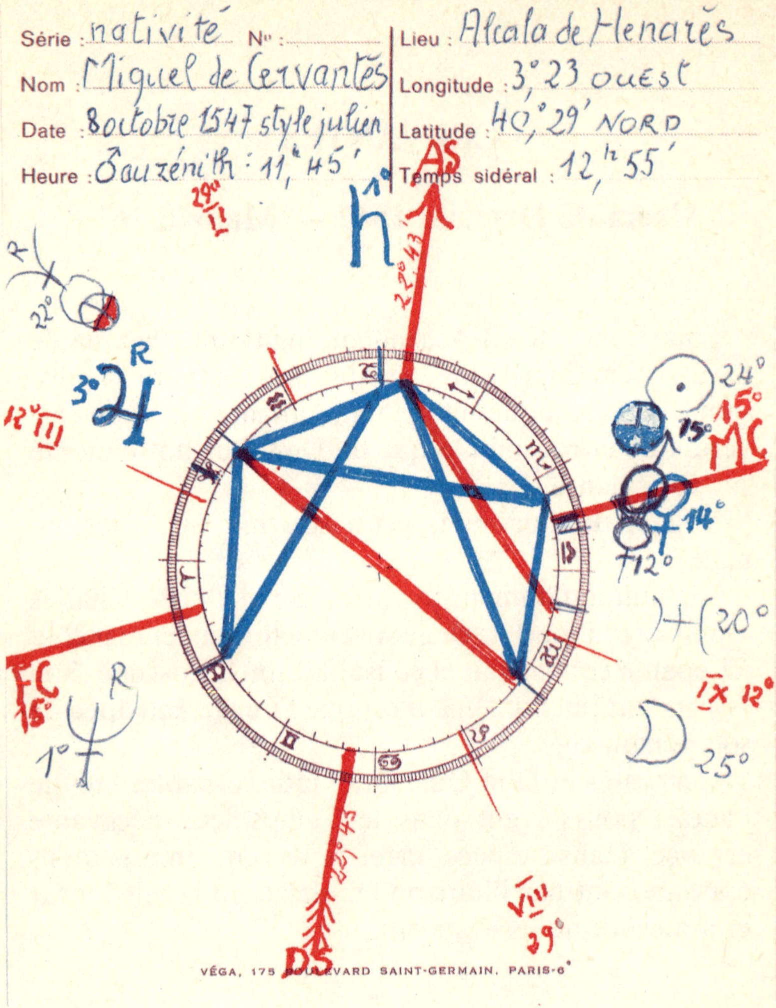

Série : nativité N° :
Nom : Miguel de Cervantès
Date : 8 octobre 1547 style julien
Heure : ☉ au zénith : 11 h 45'
Lieu : Alcala de Henarès
Longitude : 3° 23 ouest
Latitude : 40° 29' NORD
Temps sidéral : 12 h 55'
AS
MC
FC
DS
VÉGA, 175 BOULEVARD SAINT-GERMAIN, PARIS-6e

HOROSCOPE DE CERVANTÈS

En ce temps où sévissait l'Inquisition on baptisait les enfants le jour de leur naissance, en Espagne.

Acte de baptême de Cervantès

En l'an 1547

Le dimanche, neuvième jour du mois d'octobre de l'année du Seigneur mil cinq cent quarante sept, a été baptisé, Miguel, fils de Rodrigo de Cervantès et de sa femme dona Léonor. Ses parrains furent les Juan Pardo. Il fut baptisé par le Révérend Bachelier Serrano, curé de Notre-Dame, avec comme témoins Baltasar Vasquez, sacristain, et moi qui l'ai baptisé et ai signé de mon nom :

Le Bachelier
Serrano

---

* Fac-similé de l'acte de baptème de Cervantès (original sur parchemin) inclus dans La Vie de Cervantès de Mariano Thomas, traduit par Francis de Miomandre — MCMXXXV — Union Latine d'Editions — 33, quai des Grands Augustins — Paris.

« Je tiens du guerrier plus que de l'homme de lettres : car je suis né sous la planète Mars, dont l'influence me pousse aux armes » [1].

Le 8 octobre 1547, style Julien, un quart d'heure avant midi, étroitement conjoint à Vénus et Mercure, symboles sublimes de l'Amour et de l'Art, Mars, au milieu de la Balance et au Milieu-du-Ciel est l'astre le plus élevé.

C'est là que sera le Soleil à midi juste.

Au Milieu-du-Ciel d'Alcala de Hénarès, Mars est le fléau de la Balance, emblème de la Justice.

Saturne vient de paraître, Saturne ascendant et « dignifié » au premier degré du Capricorne, saisissante image du Chevalier à la Triste Figure.

L'Ascendant, révélateur de sa personne, de sa personnalité hors du commun, englobe le signe du Capricorne, mais débute au vingt-troisième degré du Sagittaire, neuvième signe dans l'ordre du zodiaque, signe équestre et fabuleux des grands voyages dans l'espace et dans le temps, signe illustré par l'image mythique du Centaure armé de son arc et de sa flèche; signe mirifique, absolument différent des autres signes, le Sagittaire syncrétisé par un centaure — tant homme que cheval — n'est qu'un être chimérique.

Ainsi, l'Ascendant préfigure-t-il Quichotte monté sur Rossinante :

Primordial et « dignifié » Saturne ascendant symbolise la rigueur morale et la pénétrante intelligence de l'auteur et de son personnage. Et Jupiter, Maître des sept premiers degrés sagittairiens de l'Ascendant, Jupiter qui rétrograde, mais s'apprête à reprendre sa

1. Pléiade N.R.F. Don Quichotte II-VI, p. 565.

marche directe, Jupiter se trouve dans le signe des Poissons, douzième signe surnommé l'Hôpital du zodiaque, dévolu aux infortunes et à la grâce.

Dans ce signe qui est son domicile nocturne, Jupiter, lui aussi, « dignifié », exerce sur l'Ascendant en Sagittaire, son domicile diurne, une emprise, d'autant plus merveilleuse et dominante, qu'il forme avec Saturne, modèle astral de Don Quichotte, un aspect bienheureux dont les effets bénéfiques permettront au *guerrier* de surmonter blessures, infirmité, emprisonnement, embûches, épreuves, et d'achever dans la grâce une existence couronnée par la gloire.

Etonnante coïncidence :

Le sept octobre 1571, date mémorable de la bataille de Lépante, victoire de la flotte chrétienne sur l'invincible Empire ottoman de Mehmet II le Conquérant, sera le jour inoubliable des vingt-quatre ans de Cervantès.

En 1571, Jupiter retrouvera sa « dignité » dans le signe des Poissons. Le sept octobre 1571, le Soleil de Lépante brillera dans le signe de la Balance au degré précis qu'il occupait le huit octobre 1547 au Milieu-du-Ciel d'Alcala de Hénarès.

Et ce jour là, Cervantès, combattant heureux, perdra l'usage de son bras gauche. Dorénavant on l'appellera « le manchot » et *Don Quijote de la Mancha,* terre sèche de la Nouvelle Castille, fera connaître aux lecteurs attentifs, l'aride plateau évocateur de Cervantès lui-même.

Le huit octobre 1547, un quart d'heure avant midi, Mars est au zénith, mais hélas ! « exilé » dans la Balance justicière, ce qui le voue, spectaculairement, mais sans aucun profit, *« au métier des armes. »*

Cependant, en conjonction intime avec Mars au

zénith, à quinze degrés de la Balance et sur la pointe même du Milieu-du-Ciel, Mercure et Vénus, à douze et quatorze degrés de la Balance, Mercure/Hermès et Vénus/Aphrodite « dignifiée » dans ce signe qui est son domicile diurne, se situent au sommet de la IXe maison dévolue, par analogie avec le Sagittaire, neuvième signe où se trouve l'Ascendant de Miguel de Cervantès, aux longues pérégrinations et aux aspirations spirituelles.

Mercure/Hermès : Suprême intelligence et comble de l'Art.

Vénus/Aphrodite : Amour sublime, attrait d'une incomparable beauté se conjuguent avec la vocation martiale de Quichotte/Cervantès.

Mars, Vénus et Mercure expriment leur situation visible dans le monde, la fascination excercée sur leur esprit et sur leur destinée par l'incomparable Dulcinée, la renommée d'un chef-d'œuvre qui peut se lire sur plusieurs plans, le succès d'une fresque appréciée par une élite contemporaine en mesure de comprendre le sens des allusions de la version originale, et le prestige de l'ingénieux hidalgo — apparemment grotesque — sur les âmes simples de toutes les époques.

Ce qui paraît dérisoire est réellement tragique et finissant comme le Siècle d'Or [2] si différent de l'Âge doré de Saturne, comme ce Siècle d'Or *« qui n'est qu'un âge de fer »*, et comme le Soleil, élevé dans la dixième maison appelée Milieu-du-Ciel, un Soleil brillant, mais automnal, un Soleil « en chute » comme la Justice dont le symbole est l'oscillante Balance.

Aussi, Don Quichotte s'identifie-t-il aux preux et

---

2. Id. I-XI, p. 93, I-XX, p. 163 et 173.

légendaires chevaliers d'autrefois. En vain, tentera-t-il d'imposer son vertueux idéal d'amour et d'équité.

« En chute » — mais élevé — le Soleil régit le Lion, signe royal où la Lune descendante occupe la VIII° maison attribuée à la mort :

La Lune y symbolise l'organisation funèbre et puissante appelée l'Inquisition, mais également la popularité posthume de Don Quichotte et de Cervantès.

En VIII et en Lion, la Lune forme, d'abord, un aspect mirobolant avec le Soleil, conjoint à l'aléatoire Part-de-Fortune, et surtout un aspect merveilleux avec l'Ascendant extraordinaire de Miguel de Cervantès.

De son vivant, les trois planètes transsaturniennes que nous connaissons aujourd'hui, n'étaient pas découvertes.

Conjoint à sa Part-de-Malchance — *et de génie* — dans le Verseau, signe des utopies et de l'espérance, Pluton s'opposait à la Lune :

Dans le signe du Verseau, entièrement inclus dans sa II° maison, prodigieux secteur de ses gains de misère, et de ses déceptions, Pluton explicite le climat révolutionnaire de l'époque de sa naissance.

En 1547, la révolutiuon copernicienne d'une part, et la Réformation d'autre part, ont bouleversé tous les acquis. Comment vivre et mourir dans le renversement des valeurs, l'ébranlement des vieilles certitudes abusivement objectives ?

D'heureux aspects de Pluton à l'Ascendant de Cervantès et au Soleil conjoint à sa Part-de-Fortune, corroborent la clairvoyance de Cervantès et de Quichotte, plus lucides et plus modernes que leurs contempteurs et nous-mêmes.

Les aspects lumineux de Neptune à Jupiter et à Saturne décrivent le sacerdoce de l'ingénieux hidalgo et justifient son universelle célébrité.

Moins élevé que Mercure et Vénus conjoints à Mars au zénith, Uranus, dans le signe mercurien de la Vierge, où débute la IXe maison, Uranus, sous l'égide clairvoyante de Mercure/Hermès, décrit des techniques nouvelles, moulins à vent, entre autres tourniquets terrifiants.

Quichotte et Cervantès, capables de saisir le sens de toutes les allégories, s'insurgent-ils contre ces géants qui broient ce que leur offrent des apprentis sorciers, et ne servent, dans l'imaginaire, qu'à faire tourner la tête aux chevaliers errants désireux de maintenir d'intemporelles traditions ?

THÈME ASTRAL DE CERVANTÈS

I

Hermès, Vénus, Mars et Soleil dans la Balance :
Premier, Mercure est bien le trismégiste Hermès,
Vénus, un extatique amour, et Mars, la lance
qui, au Milieu du Ciel, avertit Damoclès.

Le Soleil a déjà signé sa décadence
en s'élevant sur Alcala de Hénarès.
Paraît le Sagittaire. On voit la ressemblance :
Quichotte et cavalier, Centaure et Cervantès.

L'hidalgo est Saturne, un souverain suprême
au seuil, déjà, du Capricorne, et projetant,
idéal invisible, anneau et diadème

sur le Zénith. Quel Ascendant sans précédent !
Un chevalier mené par Jupiter lui-même
va traverser la nuit séculaire des temps.

II

Il est le Chevalier à la Triste Figure,
Le lecteur éperdu parmi les ignorants,
esprit lucide et véridique, antique armure,
génie irrécusable ou témoin aberrant.

Mais par cuisse efflanquée, uni à sa monture,
il marche droit : La haute école équestre apprend
aux cavaliers le pas espagnol. A l'allure
on distingue écuyers et chevaliers errants.

L'enfant nouveau qui fut baptisé le dimanche
neuf octobre a pu naître, avant midi, le huit.
Le sept, à vingt-quatre ans, il devient « de la
[Manche »

pour la victoire de Lépante. Il voit depuis
que sa main gauche pend au sortir de sa manche
où et comment le Grand écrase graine et fruit.

III

Voici, sur l'Hénarès, le Chevalier Servant
de l'Amour. Il est vrai comme mars en carême.
« Ce siècle d'or est un siècle de fer. » Extrême
échec,. L'ingénieux hidalgo dit souvent :

« Je suis né sous la planète Mars. » Au septième
et zénithal exil où les Moulins à Vent
moudront ce qu'on leur donne. Il tombe. En relevant
son cheval squelettique il espère quand même :

Près de Vénus, Mercure est le comble de l'Art
dans la Balance où Mars oscille sur la cime.
Que le Soleil déchu ne lâche pas sa Part

-de-Fortune, qu'importe ! L'univers l'imprime,
l'illustre, le traduit, et saisit d'un regard
l'infini d'un combat atterrant et sublime.

DON QUICHOTTE

Je vous invite à voir
dans son grand cadre noir
Quichotte et le mystère
espagnol de la terre.

L'insoutenable poids
de ce cadre de bois
est l'espérance morte
que des yeux lourds supportent.

Quatre siècles plus tard
le peintre et son regard
s'engagent pour combattre
les géants, les bellâtres.

Dans le cadre pesant
de l'homme renaissant
les moulins de l'histoire
et les fours crématoires

ont brûlé, ont tourné.
Le peintre est trépané.
Son aventure obscure
altère sa figure

semblable, trait pour trait
à celle du portrait
qui pour lui signifie
le tableau de sa vie,

l'échec du paladin,
l'outrage du destin :
d'Espagne en Allemagne
son courage en témoigne.

Dérisoire vertu
d'un cerveau éperdu !
Douleur, tristesse insigne !
Est-ce le chant du cygne ?

*
**

EN SURVOLANT L'ESPAGNE

Je vois dans les nuées
pantins et toréros,
héros, prostituées,
infants, guérilleros ;

duègnes barbaresques,
duchesses et majas,
florales arabesques,
suppliciés de Goya,

et regards fanatiques,
voleurs, inquisiteurs,
réguliers ou laïques,
fous d'amour, délateurs ;

partant à l'aventure,
marane, « homme aux yeux gris »
que poursuit la torture,
martyrs, brûlés, proscrits ;

garde-chiourme, le bagne,
gens de peu, gens de rien,
gens de cour, grands d'Espagne,
gens de bien, galériens,

moteurs hâves, sordides
des galions ; l'or inca,
tonneaux des Danaïdes,
métaux, brocards, ducats ;

Visages millénaires
habitants, migrateurs,
conquérants débonnaires
ou exterminateurs,

byzantines Iliades
et visiteurs persans,
Wisigoths, Omeyyades,
Almohades puissants ;

Rodrigue et son escorte,
Chimène d'Oviedo,
la folle Jeanne morte,
Hernani au château,

l'héritier d'un domaine
qu'aucun soleil n'éteint,
des monts, des mers, des plaines,
la rose d'un jardin,

Velasquez et sa reine,
Avicebron, Gréco,
don Juan se promènent
avec Frédérico

dans la douceur rêvée
des siècles hésitants,
à grandes enjambées
avec toi dans le temps,

dans les airs, sur les toits,
au-dessus des montagnes
arides, avec toi.
Une ville s'éloigne.

Les tours de sa maquette
croient à la liberté.
Les fleuves que je guette
jamais n'ont existé.

Si ce n'est qu'un mirage,
des yeux s'en sont nourris ;
sans lui, ce sol qu'outrage
le ciel serait flétri.

Pourquoi, Colomb, Cortez,
chercher l'Inde ou la Chine ?
Ta terre Cervantès,
est ce que j'imagine :

les eaux des Pyrénées
arrosent des cités
que pour sa Dulcinée
Quichotte a su fonder.

*
**

1547

La Réformation
séduit les Allemagnes
et l'Inquisition
ensorcelle l'Espagne.

Le système savant
de Copernic le Mage
trouble en la transformant
la rassurante image

de la Terre, nombril
du Soleil, des étoiles.
Tourneront sur le gril
du Temps qui se dévoile

métros, avions, spoutnik,
idôlâtres, athées.
L'immortel Copernic
fait tourner les idées.

Soudain, en quinze cent
quarante-sept, année
où coule dans le sang
de l'Europe étonnée

l'argent fluide sorti
de Potosi la mine,
soudain, avant midi
— Soleil et Mars culminent —

apparaît Cervantès.
Il naît le neuf Octobre
de l'année où Cortès
expire sous l'opprobre.

Au cœur du Siècle d'Or
serait-ce l'an de grâce ?
Qui meurt ? Henri Tudor
d'Angleterre et en face,

à Rambouillet, François,
Roi de la Renaissance
trépasse. On s'aperçoit
que tourne avec la chance

la Terre à découvert
sous l'argent qui l'inonde
et qu'un aimant de fer
réunit les deux mondes.

*
**

Le fleuve multiforme
avec des affluents
et des franges qui dorment,
plages pâles, s'étend.

Il perd ses eaux multiples
dans son lit, reparaît
puis poursuit son périple
en formant des marais.

J'ai vu, dans les parages
cristallins de Madrid,
briller dans un mirage,
des deltas verts et gris.

La terre est calcinée,
hôtesse, où sommes-nous ?
— Cordoba — Dulcinée
répond en andalou.

Cordoue ou bien Grenade ?
Sous nos pas de géant,
sous nos ailes nomades
a surgi l'océan.

Un bateau solitaire,
son sillage en trident
— c'est le seul de la terre —
sort de la nuit des temps.

Sur son tapis huileux
et magique, Neptune
a ce soir pour la Lune
nouvelle un regard bleu.

***

NERVAL

— Gérard Labrunie,
dit Gérard de Nerval —
au couchant à Paris le 22 mai 1808
Paris, à l'aube du 26 janvier 1855

A trois degrés du Sagittaire, face au Soleil couchant, Neptune, mystérieusement omniprésent sur l'Ascendant Sagittairien de Gérard, Neptune, trop proche et trop lointain, Neptune que l'âme devine avant de le connaître,

Neptune paraît dans les brumes orientales du soir.

Cet astre romantique imprègne le corps et l'esprit vagabonds de Gérard, de rêves, de songes et de chimères qui l'entraînent à voyager sur la terre et dans des labyrinthes célestes puis souterrains.

Poursuivi par un mal intermittent, qui l'empoignera plusieurs fois sans diminuer son génie poétique, Gérard de Nerval rejoindra, dans l'enclos onirique de ses tendres amours la jeune morte adorée qui ne lui avait donné la vie que pour disparaître et mourir en Silésie.

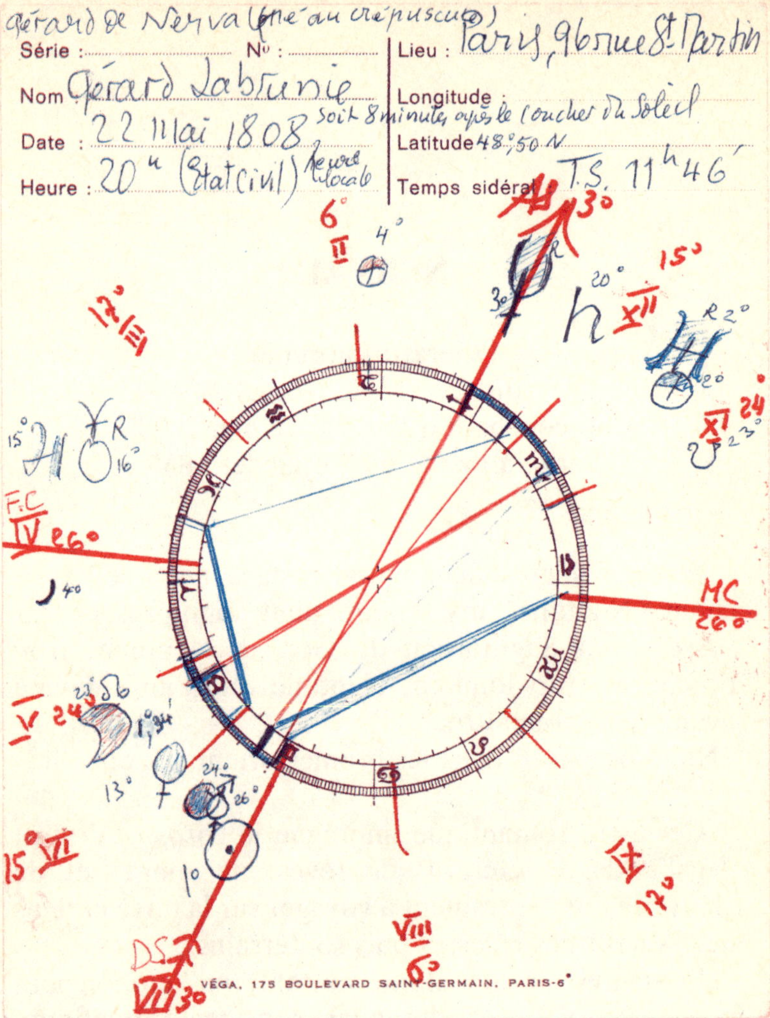
Gérard de Nerval (né au crépuscule)
Série :
N° :
Lieu : Paris, 96 rue St Martin
Nom Gérard Labrunie
Longitude :
soit 8 minutes après le coucher du Soleil
Date : 22 Mai 1808
Latitude 48°50 N
Heure : 20 h (État civil) heure locale
Temps sidéral T.S. 11 h 46
F.C
IV 26°
MC
26°
DS.
VII 30
VÉGA, 175 BOULEVARD SAINT-GERMAIN, PARIS-6e

HOROSCOPE DE GÉRARD DE NERVAL

Né à Paris, 96, rue Saint-Martin, le 22 mai 1808, vers 20 heures.

Déjà crépusculaire, le Soleil, qui vient de franchir le seuil étincelant des Gémeaux, régit le Lion, — cinquième signe zodiacal, consacré aux nobles amours, aux conceptions magnifiques, à d'ardentes spéculations, à des jeux de l'esprit, — signe superbe où s'élève la IXe maison astrologique vouée, — par analogie avec le Sagittaire, neuvième signe et domicile diurne de Jupiter, — aux longs voyages et aux fulgurantes inspirations.

Face au Soleil descendu sous l'horizon Neptune paraît, conjoint et confondu à l'Ascendant, émanation extatique de la personnalité de Gérard :

Confondus en Sagittaire, Neptune rétrograde et l'Ascendant aux aspects spectaculaires décrivent la vérité d'un personnage à la quête enchantée de son innombrable identité. Cet être d'exception émerge d'un univers nocturne encore inexploré, pour se sentir conduit, comme les astres permutables qui président à sa naissance à changer de lieux, de personnalité, de noms, sans jamais renoncer à son appartenance. Et jamais il ne cessera de se sentir en symbiose avec son millésime :

Au centre de l'épopée napoléonienne, l'an de grâce 1808 est illustré par Jupiter dont le passage dans un signe du zodiaque n'excède jamais une année ; mais Jupiter est conjoint à Pluton qui, tous les deux cent quarante neuf ans environ, séjourne un quart de siècle dans le signe des Poissons

— douzième signe, appelé l'Hôpital du Zodiaque, — où se prolonge la III° maison de l'horoscope, réservée — par analogie avec les Gémeaux, troisième signe, et domicile fraternel de Mercure où déjà le Soleil disparaît tristement « sous la Terre » — aux amis, aux écrits, aux publications littéraires.

Cette maison considérable commence dans le Verseau, — onzième signe dévolu à l'espérance — mais s'établit dans les Poissons. Au milieu de ce signe dramatique, et dans la seconde partie de l'aimable et généreuse III° maison, Jupiter, bénéfique et dignifié, illustre la bienfaisante hospitalité prodiguée à Gérard.

Ce soutien constant, cet indispensable secours sont motivés et définis par l'heure, le jour, l'année, l'époque de sa naissance.

Souverain suprême du Sagittaire, de l'Ascendant et de Neptune, maître également, mais avec Neptune, des Poissons et de Pluton rétrograde, Jupiter est étroitement conjoint à Pluton, à Pluton, qui dans les Poissons retrace le climat d'une période historique dominée — dès avant la naissance de Gérard — de la campagne d'Egypte à la dissolution de la Sainte-Alliance, par la stature d'un grand capitaine, légiste de surcroît. Stratège redoutable, ses conquêtes s'écroulent. Administrateur magistral, ses lois se perpétuent. Surnommé par ses ennemis l'usurpateur, le boucher de l'Europe et l'ogre corse, l'Empereur demeurera pour ses compagnons nostalgiques et pour la jeunesse romantique, un héros légendaire que Gérard vénèrera comme il vénèrera son père.

Dans les Poissons, Jupiter, conjoint à Pluton (dont il est l'hôte et qu'il domine) et Neptune qui, face au Soleil propice, mais évanescent, se lève à l'instant où Gérard vient au monde, Jupiter et Neptune sont dits « en réception. »

La maîtrise réciproque de leurs domiciles respectifs offre à Jupiter dont l'indépendance est absolue, mais également à Neptune dont l'ambivalence joue un rôle étonnant, la tentation d'intervertir — avec plus ou moins d'opportunité — leurs significations et leurs aspects :
L'opposition du Soleil à l'Ascendant et à Neptune confondus. Le trigone encourageant de Saturne à Jupiter et à Pluton. Le merveilleux sextile de Jupiter et Pluton à Vénus.

Maître, avec Uranus, du Verseau, onzième signe où débute la remarquable troisième maison, Saturne se trouve, comme Uranus dans le Scorpion — domicile nocturne de Mars, lieu d'exaltation de Pluton et d'Uranus, huitième signe imparti à la mort, aux héritages, aux dons.

Doublement apparentés par leur commune hégémonie sur le Verseau et par leurs positions en Scorpion, Uranus et Saturne occupent deux maisons différentes :

Conjoint à la Chance qu'il diminue par l'amplitude-même de ses interférences, Uranus rétrograde, mais exalté, opiniâtre et prometteur forme avec Neptune et l'Ascendant un aspect mineur, mais précis qui semble annoncer une ascension future.

En Scorpion, et dans la seconde partie de la XI° maison, Uranus favorise des projets qui relèvent de la mort, des dons, des legs et de la survie.

Face à la Lune, exaltée, elle aussi, face à la Lune exaltée, mais décroissante, face à la Lune proche de sa fin, mais en exquise consonance avec Vénus, dignifiée en Taureau, — signe opposé au Scorpion — face à la Lune, Uranus en Scorpion ne participe qu'indirectement à l'aspect rassurant qui relie Jupiter et Pluton à Saturne.

En Scorpion, et dans l'infortunée XII° maison, Saturne connaît,
malgré Vénus, Mars et Mercure assemblés en Taureau, signe régi par Vénus, signe où Mars est exilé, des remèdes sérieux, secrets et rebutants à d'impressionnants symptômes. Thérapeute habile, réfléchi, bienveillant et mal toléré, Saturne dépend de Mars exilé dans le secteur opposé :

En Scorpion, signe funèbre, et dans la dernière des douze maisons de l'horoscope ! Echue à l'adversité, cette énigmatique demeure qui recèle toutes les formes de la souffrance, est l'habitacle privilégié de la miséricorde. Amical dans ce signe et dans ce lieu, Saturne, malgré la cordialité de son assistance, n'a rien d'un thaumaturge. Désarmé par une triple opposition de Vénus, et Mars/Mercure, Saturne, sympathique, mais inefficace, ne règne sans partage que sur le Capricorne.

Dixième signe dans l'ordre du zodiaque, signe zénithal, représentatif de la réussite matérielle et sociale, telle qu'elle existe au vu et au su de tout un chacun, le Capricorne passe pour le lieu d'exaltation de Mars. Maître du Scorpion et du Bélier, d'Uranus, de Saturne et des nœuds de la Lune, Mars est exilé dans le Taureau, deuxième signe, tributaire des ressources, des rémunérations, des subventions, et dans la VI° maison assujettie aux implications de la santé, de l'emploi et de la subsistance.

Dans ce signe et dans cette maison le culte et le règne de Vénus assurent un labeur inspiré par l'amour et par la beauté. A l'instigation de Vénus, l'exil de Mars affecte Mercure, Mercure qui symbolise un esprit subtil aux multiples facettes, et même le Soleil errant jusqu'à l'aube « sous la Terre ». Entraîné par Mercure et le Soleil, en dépit des spectres et des avatars de la maladie qu'il provoque et contrôle, Mars possède l'avantage insolite et consolant de susciter et d'amplifier les forces créatrices de Gérard.

Mais c'est dans le Capricorne que se trouve, stigmatisée par la Malchance, la II° maison de Gérard, incidence qui correspond, pour lui, à l'obligation obsessionnelle de devoir gagner sa vie sans y parvenir. Ainsi le bon aspect de Saturne à Jupiter et Pluton ne résout-il ni les problèmes d'argent, ni les moyens d'existence de Gérard, problèmes corroborés par l'étroite conjonction de Mars et de Mercure dans le deuxième signe et dans cette maison bouleversés par des manifestations psychosensorielles génératrices de gloire.

Sous les auspices désirés, mais despotiques de Vénus — planète idyllique et déesse de l'amour et de la beauté — qui produit des états de bonheur et une aliénation surnaturels dont l'âme ravie répugne à se libérer, Mercure, maître intrinsèque du Soleil, déjà dans les Gémeaux, et du zénith, encore dans la Vierge, Mercure détermine le triomphal triple-trigone qui le relie, étroitement encadré par Mars et le Soleil, au point le plus élevé du ciel.

Avec l'accord de Mercure taurobole et du Soleil évanoui à l'orée des Gémeaux, Mars exerce une influence étendue, diffuse, durable et décisive sur les signes et sur les maisons, planètes et symboles qu'il sensibilise.

Il est vrai qu'avant de s'étendre dans le Bélier, domicile diurne de Mars et lieu d'exaltation du Soleil, la IVe maison de Gérard, invisible comme le nadir au Fond-du-Ciel,mais aussi réelle que le subconscient abyssal, commence — face au zénith visible au Milieu-du-Ciel — dans les derniers degrés des Poissons — douzième signe, domicile de Jupiter et de Neptune, lieu d'exaltation de Vénus au pouvoir sans précédent, signe ultime échu à la douleur et à la grâce — puis se poursuit dans le signe du Bélier, signe primordial dans l'ordre du zodiaque.

Chef de file initiatique, le Bélier qui marche en tête ouvre la voie au troupeau. Et c'est dans ce signe capital et cérébral, où se prolonge la IVe maison, évocatrice des origines, — par analogie avec le Cancer, quatrième signe, domicile de la Lune et lieu d'exaltation de Jupiter — c'est précisément là, dans le signe du Bélier où se mémorise la maison natale, que Lilith révèle et dénonce un manque fondamental de lieu fixe, de foyer, de refuge, de logis à soi.

Cette frustration authentifie et valorise l'aptitude innée de Gérard à transposer, avec une aventureuse lucidité, ses rêves en souvenirs, et ses « *Chimères* » en chefs-d'œuvre.

C'est également en Bélier, sous l'inflexion de Mars exilé comme « *El Desdichado* » le déshérité, que débute la belle maison des amours et de la création, auréolée par le nœud ascendant de la Lune — dont le cycle est de dix-huit à dix-neuf ans. — Et c'est là que s'accomplit, par jeu ou par magie, la gestation du « *Faust* » traduit de Goethe, puis la germination des poèmes orphiques, et de *Sylvie, Les Filles du Feu, Aurélia,* et *l'artificieuse Pandora.*

Exilé en Taureau, Mars étend son champ d'action sur le Scorpion, sur la Fortune, occultée par Uranus dans la seconde partie de la maison de l'espérance, et sur Uranus qui, par son opposition à la Lune exaltée, elle aussi, s'acharne à programmer des réactions jugées excentriques par ceux-mêmes qui s'intéressent à Gérard et lui prouvent la sincérité de leur attachement, comme Saturne accueillant dans la maison du malheur et le signe de la mort.

Etroitement conjoint à Mercure, Mars en exil perturbe le Taureau subjugué par Vénus :

En Taureau, la Lune inoubliable et Vénus aux charmes puissants se situent dans la seconde partie de la maison où se conçoivent des œuvres ascendantes, ascendantes comme le nœud ascendant de la Lune.

Astres féminins irrésistibles, égéries élégiaques aux attraits similaires, la Lune et Vénus, insidieusement, se distinguent l'une de l'autre.

Exaltée en Taureau, la Lune qui symbolise la foule fantasque, la renommée fluctuante, l'imagination fantastique, et la mère, n'a pour domicile que le signe du Cancer où se situe la funèbre VIIIe maison, impartie à l'héritage maternel et à l'immortalité.

Pourtant Vénus dignifiée en Taureau détient un immense pouvoir sur le septième signe dont l'idéogramme est la Balance, lieu d'exaltation de Saturne qui s'efforce de conjurer les affres d'un abîme prodigieux.

Et c'est là, dans ce signe au fragile équilibre que débute, pour Gérard, la XIe maison, rigoureusement marquée par le nœud descendant de la Lune qui modère la démesure des desseins, et mésestime l'appui des compagnons, collaborateurs et médecins. Au fur et à mesure qu'oscille le fléau de la Balance, les plateaux s'élèvent et s'abaissent comme les nœuds de la Lune. Encore dans la bienheureuse et transcendante V° maison animée par l'amour et par les muses parées de fabuleuses vertus, dans le signe zodiacal qui lui sert de miroir, Vénus taurobole adhère à la tumultueuse et pathétique VI° maison pour assurer l'élaboration d'une œuvre prestigieuse.

Ainsi, sous l'égide adorée de celle dont l'envoûtante hégémonie électrise les phases et les nœuds de la Lune, Mars et Mercure, Gérard subit l'implacable alternance des périodes d'exaltation et de désarroi. Mais quelles que soient leur fréquence et leur durée, ces crises n'ont d'autre effet que de galvaniser ses facultés mentales et d'affiner son intuition.

Maître unique des Gémeaux et de la Vierge, archétype de l'intelligence la plus vive, interprète rapide, curieux et sagace, des mythes et des songes, messager insaisissable des dieux et des médias, Mercure qui prend l'apparence ailée d'Hermès Trismégiste s'adonne à des travaux occultes. Il dispose du Soleil et du pinacle.

Enfin, dans les derniers degrés du sixième signe dont l'image charismatique est celle de la Vierge, voici la maison, appelée le Milieu-du-Ciel. Situé dans cette aire modeste et sublime, le zénith annonce, reçoit, diffuse, répercute, et magnétise le faisceau jailli de Mars/Mercure et du Soleil. Il existe des affinités reconnues et des rapports privilégiés entre la VI° maison, où s'effectue, dans l'allégresse comme dans la misère, la longue maturation d'un travail lumineusement ésotérique, et le sixième signe, où, face au nadir ténébreux, culmine et resplendit une gloire très pure.

La situation et les aspects ravissants du zénith authentifient le naturel féerique d'un être multiforme qui célèbre, à la clarté d'un style d'une simplicité parfaite, les secrets d'Hermès avec la lyre d'Orphée.

Sous l'extraordinaire influence de Mercure, l'éclat du zénith signale au monde sublunaire le renom, le rôle et la place idéale de Gérard de Nerval dans l'espace et dans le temps étoilés.

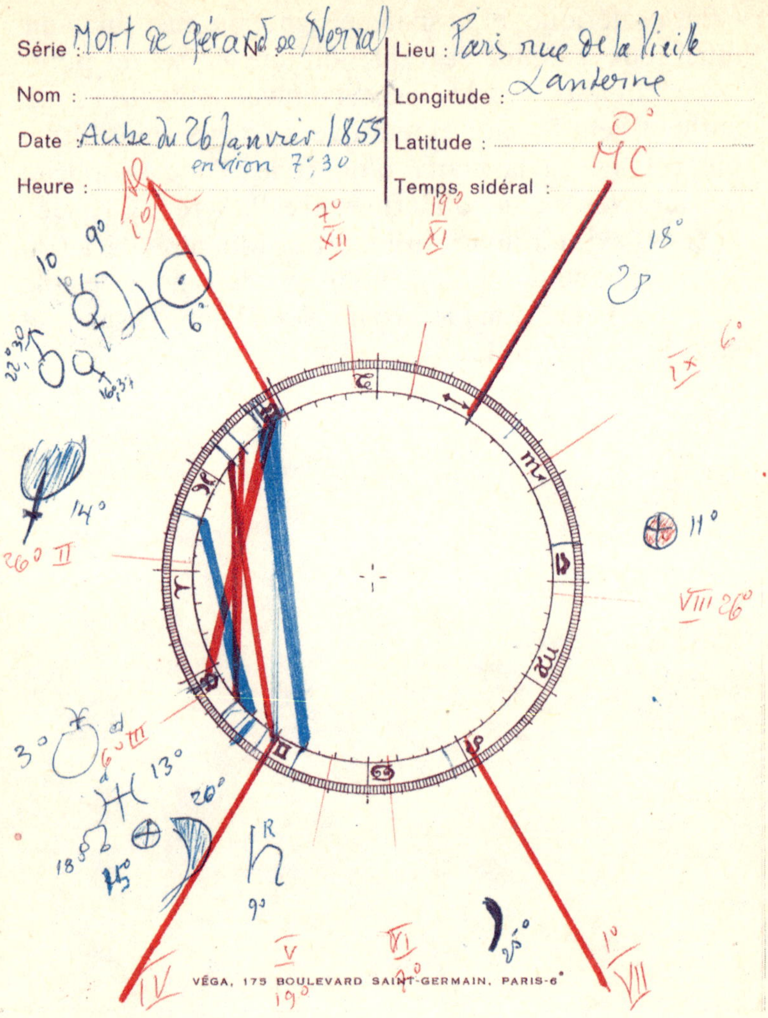
Série : Mort de Gérard de Nerval
Lieu : Paris rue de la Vieille Lanterne
Nom :
Longitude :
Date : Aube du 26 Janvier 1855
environ 7h30
Latitude :
Heure :
Temps sidéral :
MC
VÉGA, 175 BOULEVARD SAINT-GERMAIN, PARIS-6e

ETRANGES COÏNCIDENCES ENTRE LE CIEL DE LA NAISSANCE ET LE CIEL DE LA MORT DE GÉRARD DE NERVAL

Que d'étranges coïncidences auxquelles s'ajoutent ces faits troublants et connus :

Lui, dont père *et mère* suivront bientôt la Grande Armée, lui que son grand-oncle maternel élèvera dans un lieu-dit dont le nom poétique est funèbre et dont le château appartient alors à Joseph Bonaparte, roi déchu d'Espagne à cette époque, lui qui naquit au crépuscule, à l'instant même du lever de Neptune, situé à 3° du Sagittaire, au même degré que l'Ascendant, à 3° du Sagittaire, domicile diurne de Jupiter, alors même que Jupiter se trouve dignifié dans le signe des Poissons, son domicile nocturne régi par Neptune, et que Neptune rétrograde et Jupiter « en réception » échangent leurs dignités, leurs domiciles et leurs significations — y compris signes et cygnes jupitériens chers à Gérard. * —

Le soir de sa naissance, Jupiter, conjoint en Poissons à Pluton rétrograde, domine l'Ascendant et Neptune confondus, ce qui donne à Gérard un sentiment d'affreuse dépendance.

---

* Les signes et les cygnes jupitériens de Gérard de Nerval sont analysés dans l'ouvrage de Jean Richer et d'Olivier Encrenaz, *Vivante étoile* — Ed. Minard — 1971 — « archives nervaliennes » n° 9.

Il mourut à l'aube du 26 janvier 1855 : Le Milieu-du-Ciel atteignait le degré-même du Sagittaire où, vers huit heures du soir, au couchant du 22 mai 1808 avait paru Neptune étroitement conjoint à l'Ascendant.

A l'aube du 26 janvier 1855, Neptune tout puissant parvenait au degré même où le 22 mai 1808 régnait Jupiter conjoint à Pluton rétrograde au milieu des Poissons.

A l'aube du 26 janvier 1855, l'heureux aspect de l'Ascendant conjoint au Soleil, à Jupiter, Mercure, Vénus et Mars rassemblés en Verseau, à Saturne rétrograde, et maître évolué du Verseau, révèle une spectaculaire unicité qui témoigne d'une identité nouvelle, d'une renaissance, d'une résurrection. La présence miraculeuse de Lilith en Cancer et dans la VI° maison supprime servitudes et maladies.

A l'aube de sa mort, la Lune exaltée en Taureau, tout comme au soir de sa naissance, la Lune, émanation de la mère, la Lune conjointe à la Chance, appelée Part-de-Fortune, la Lune qui dispense, à l'aube du 26 janvier 1855, confiance et sérénité, rejoint l'orbe taurobole où le soir de sa naissance et dans la VI° maison, la conjonction de Mars et de Mercure s'opposait à Saturne, afin d'annoncer les symptômes d'une agitation psychosensorielle aux résultats prodigieux.

En astrologie, un jour = un an : Né deux jours et demi avant l'éclipse solaire du 25 mai 1808 Gérard perdra sa mère deux ans et demi plus tard, et l'image radieuse de la jeune morte éclipsera celle du père, incarné par le Soleil.

Le soir de sa naissance, la Lune — qui n'a pour domicile que le Cancer, quatrième signe appelé

Maison Natale ou Fond-du-Ciel, la Lune exaltante règne sur la VIIIᵉ maison dévolue à la mort et au mystère de la survie : C'est là-même, qu'à l'aube du 26 janvier 1855, Lilith deviendra bénéfique, alors même qu'en signe d'ineffable espérance le Soleil se lèvera dans le Verseau, suivi de Jupiter, Mercure, Vénus et Mars, et que Neptune règnera au milieu des Poissons dans toute sa splendeur ascensionnelle et mystique.

Gérard, doué d'un sixième sens — le sens de l'occulte — et d'une intuition prémonitoire a-t-il prévu l'Ascendant magique de son trépas désolant ?

Sans doute a-t-il choisi cette aube lumineuse et glacée pour se délivrer de son aliénation et de l'emprise de l'époque de sa naissance, emprise plus cruelle pour lui que pour Musset qui l'évoque au début de sa *Confession d'un enfant du siècle* en des termes déchirants.

Etant donné la personnalité, l'œuvre, la maladie, la vie, la mort et le destin de Gérard de Nerval, l'heure donnée par l'état civil est vraisemblable :

La conjonction Mars/Mercure en Taureau à l'endroit où se trouve Algol est, dans le secteur travail/santé l'expression même de la maladie dont Gérard fut atteint.

Il semble inutile de maléficier l'Ascendant — c'est-à-dire la personnalité d'un être tel que Nerval. L'Ascendant en Sagittaire conjoint à Neptune en réception avec Jupiter est l'expression même de sa personnalité.

Le Milieu du Ciel de sa naissance culmine au degré 26 de la Vierge. Et le rôle des manifestations psychosensorielles qui l'éprouvent est magnifié par le triple trigone qui relie au Zénith, Mars, Mercure et

« le *Soleil noir* de la *Mélancolie* » tombés sous l'horizon.

N.B. : En janvier-avril 1958, fut publiée dans le numéro spécial de La Tour Saint-Jacques la *« Note sur l'horoscope de Gérard de Nerval »* par M. Malagie :

« L'heure de l'état civil, soit 8 heures du soir, donnerait comme orientation le Milieu du Ciel à 0° Balance et l'Ascendant à 5° Sagittaire.

L'étude des évènements de la vie de Gérard de Nerval m'a amené à rectifier la position de l'horizon à 25° Scorpion qui correspond à un axe sensible particulièrement maléficié par l'influence d'Algol (à 25° Taureau), étoile fixe très violente, de nature Saturne-Mars, ces deux planètes intervenant d'ailleurs étroitement dans les manifestations capitales de la vie du poète... »

A Philippe Chabaneix

SUITE NERVALIENNE*

*Parue dans Les Cahiers de Gérard de Nerval. Correspondante : Madame Christine Fontaine 15 bis rue de l'Église, 92200 Neuilly.

COÏNCIDENCES

Mil huit cent huit, ce millésime est sépulcral.
Le peuple de Goya détruit la renommée
de Joseph roi d'Espagne, et de la Grande Armée.
Napoléon, pour l'Angleterre, est Hannibal.

Par miracle, à Paris, naît Gérard de Nerval.
En Silésie, allait mourir la bien-aimée
dont l'image apparaît le soir sous la ramée
à l'instant où la brume illumine le val.

Chaque arbre est un fantôme, Aurélie, Adrienne,
chaque ombre un souvenir, et c'est à Mortfontaine
hanté par son château que Gérard a grandi.

Pourquoi Chaalis, la forêt Noire et la Bohème ?
Corot découvrira l'emprise d'un lieu-dit
sur l'âge de Phœbus à l'aurore suprême.

THÈME ASTRAL DE GÉRARD

Vénus, fidèle, règne intimement unie
à la Lune inquiète, exaltée en Taureau.
Uranus, opposé, n'est qu'un guérillero.
Une éclipse aura lieu pour la néoménie.

Sur l'horizon, face au Soleil tombé de haut,
Neptune, à l'Ascendant de Gérard Labrunie,
annonce au monde la naissance d'un génie.
Saturne, hélas, poursuit son funeste allegro !

Hospitalières amitiés, grâce absolue,
la mère étant l'amante et la morte, l'élue,
il ira, sans refuge, à la quête du Graal,

vers d'orgueilleux bonheurs dans l'exploration
de la treizième arcane où l'ordre sidéral
annihile sa peur de l'agitation.

NEPTUNE EN SAGITTAIRE

Neptune en Sagittaire
et l'Ascendant soumis
aux charmes d'Artémis,
sans foyer sur la terre.

Son nom de mousquetaire
fut Vénus Aramis.
Aimé de ses amis,
il mourut suicidaire.

Il faudra, cher Porthos,
éviter un pathos
nocif, soupire Arsène.

C'est un assassinat,
dit le metteur en scène
à la prima donna.

L'AMOUR EST AUX ABOIS

Est-ce un jeu de tarots
où le temps caracole
en brisant ses barreaux,
ou la fougue de Gros
rêvant au pont d'Arcole
à celle des taureaux
qu'un matador immole,

la dame de carreau
courant la prétentaine
sur un cheval au trot,
une tombe germaine,
d'impériales lois,
un funèbre domaine
à Nerval en Valois
près de Mortefontaine ?
Pour le fou de la reine
l'amour est aux abois.

ADIEU À GLOGAU

Prévenu par un désir ardent
de la chute idéale d'un astre,
Gérard avait pressenti l'instant,
  le gel et la neige sinistre.

Il refit pour son dernier printemps
le romantique pélerinage
au pays où sa mère l'attend,
  désincarnée en son jeune âge.

La mort qui passe encore à Glogau
refroidit les amours éphémères,
puis s'éloigne et répond à l'écho
  qui diffuse aujourd'hui *Les Chimères*.

FONTAINE-AUX-INNOCENTS

Entre le soleil noir et l'étoile Altaïr
se trouve un lieu magique au nom prémonitoire.

Quand l'Aigle a vu sa trajectoire
s'évanouir
entre la lune éteinte et l'aurore incertaine,
Gérard n'a pu sans défaillir
décrire Montagny qui fut Mortefontaine.

Invisible aux passants
écervelés du Pont-au-Change,
il marche en songe
du Châtelet à la Fontaine-aux-Innocents.

L'ORIENT

La nuit du vingt-et-un février, vers minuit,
la mort est apparue
sous les traits de Jenny
devant le numéro trente-trois d'une rue.
Il faisait froid
et de surcroît,
le trente-trois était le nombre de leur âge.

Mais pour Gérard l'étoile étrange,
levée à l'Orient,
fut un signe scintillant.
Aussi, pour traverser les limbes,
dut-il atteindre une aube.
Jenny/Aurélia
s'éteignit la première.

Dès lors, jamais il n'oublia
ni l'Orient, ni sa lumière,
ni les traits de la mort
à la lueur d'un réverbère
lugubre alors
que l'âme espère
un autre sort.

Malgré les troubles d'une époque
mélancolique,
Chopin, phtisique et génial,
mourut sept ans après Nerval.

Sur les bords de la Seine
parut Monet. A peine
quatre ans plus tard, Verlaine
vit le jour en Lorraine.

VERLAINE

Metz 1844 — Paris 1869

En Taureau, réunis contre lui, Mars, Vénus et Lilith s'opposent à l'Ascendant Scorpion de Paul Verlaine.

Dans le Taureau terrien et réaliste, Mars, exilé, s'identifie à Rimbaud, d'autant qu'il domine la double identité de Verlaine, Scorpion par l'Ascendant, Bélier par le Soleil.

Ainsi ce poète délicat peut devenir, sous l'effet de la boisson, une bête sauvage et venimeuse.

Mars/Rimbaud influence également les créations et les critiques poétiques de Verlaine, exaltantes comme le Soleil printanier de sa naissance.

Dignifiée en Taureau, Vénus, incarne, bien plus qu'Elisa, la cousine bien-aimée, cette jeune fiancée de *La Bonne Chanson* qui deviendra son épouse bientôt battue et bafouée. Responsable, aux yeux de Verlaine, de son mariage, de ses deuils, de ses incarcérations décrites dans *Mes prisons* et dans *Mes hôpitaux,* de ses rechutes d'alcoolique invétéré cédant à ses démons, de sa ruine, de sa conduite imprévisible dont elle ne voudra plus supporter les conséquences, et même de Lilith.

Après le décès de sa mère, une mère sublime, illustrée par la Lune au zénith, mais soumise à toutes les impulsions de son fils unique, Lilith, la prostituée, sera l'une ou l'autre compagne du pauvre Lélian.

Série : .... Nº : ....

Nom : Paul Verlaine

Date : 30 MARS 1844 20h, 54', 42"

Heure : vers 21h locale (20h, 30)

Lieu : Metz

Longitude : + 24', 42

Latitude : 49°, 07', 14"

Temps sidéral : 9h 58' 13"

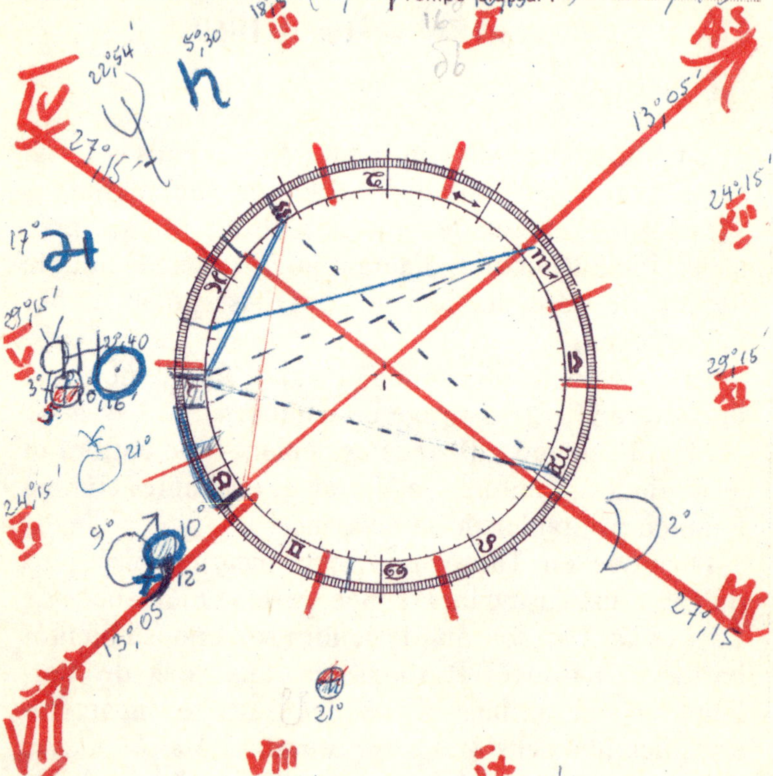

VÉGA, 175 BOULEVARD SAINT-GERMAIN, PARIS-6e

HOROSCOPE DE VERLAINE*

Il naît à Metz au clair de lune, le 30 mars 1844, à 9 h du soir. Soleil et planètes sont en dessous de l'horizon. Visible, montante et presque ronde, la Lune éclaire le Milieu-du-Ciel qui s'étend des trois derniers degrés du Lion — *V[e] signe du zodiaque régi par le Soleil* — à l'ultime degré du signe de la Vierge régi par Mercure. Déjà, dans le signe de la Vierge, Lune au zénith est l'image de la mère-servante, et la madone.

Par le jeu des correspondances entre signes et maisons, aspects, archétypes, et symboles, cette Lune simple, savante et sublime, figure aussi la Muse et prédit une popularité qui franchira les frontières de sa patrie et les bornes du temps.

Le Soleil vernal du 30 mars, bien qu'invisible au clair de lune, régit au zénith le Milieu-du-Ciel où se décrit la future situation dans le monde et les brillantes possibilités de réussite et de célébrité de Paul-Marie Verlaine.

Le soir, à la saison nouvelle, *c'est la Ve maison, la belle maison des amours, des enfants, des conceptions rénovées* qui se situe de l'ultime degré des Poissons — signe des infortunes et de la grâce — au vingt-quatrième degré du Bélier, *le premier des douze signes du zodiaque*.

Ainsi, ce Bélier, chef de file d'un troupeau et qui

fonce, tête baissée sur l'obstacle, est le signe solaire de Verlaine.

A 3° du Bélier, indissolubles, Uranus et Mercure sont l'intelligence des impondérables et un flair critique infaillible.

A 5° du Bélier la Part-de-Fortune est trop aléatoire pour ne pas se confondre avec la Malchance.

A 10° du Bélier, l'exaltation du Soleil dans ce signe primordial *régi par Mars,* impose au monde les amours, les enfants, les conceptions nouvelles de Paul-Marie Verlaine, en dépit de Pluton.

A 21° du Bélier, sur le seuil de la VI° maison, Pluton décèle ses désordres profonds qui entravent, non seulement ses amours, ses enfants et son œuvre, mais aussi ses relations ancillaires, ses travaux alimentaires et sa santé.

Maître absolu, mais irresponsable du Bélier et de tous les astres et symboles qui s'y trouvent, Mars a pour domicile nocturne le signe du Scorpion, attribué à la mort, aux héritages, aux dons innés, aux mues spectaculaires. Le Scorpion est un séducteur que *Mars en exil* éprouve, mais subjugue. Le Scorpion est le signe ascendant du pauvre Lélian.

Autrefois appelé « horoscope » l'*Ascendant ou 1re maison* semble en symbiose avec les tendances de l'être étonnant qui vient de naître sous l'influence apparemment décisive de Mars.

Horizontalement, face à l'Ascendant/Scorpion, *le Descendant ou VIIe maison commence à 13° Taureau* — IIe signe du zodiaque, assigné à l'obligation, plus ou moins impérative, de gagner sa vie selon ses aptitudes. Par analogie avec le VIIe signe dont l'emblème est la Balance, cette VII° maison est consacrée aux autres, époux, épouse, mariage, procès, justice.

Situés à 9° du Taureau, Mars symbole de virilité, Mars en exil dans le Taureau, domicile nocturne de Vénus, symbole de la féminité, s'y trouve conjoint à Vénus elle-même, qui est là, dans sa maison nuptiale, un parangon d'amour fidèle.

« A 10° du Taureau, Vénus qui règne est incommodée, entre Mars en exil, agressif, indécis, et :

« à 12° du Taureau, Lilith dont la promiscuité souille le seuil de sa demeure. Opposés à l'Ascendant de Verlaine, Mars en exil, Vénus dignifiée, mais gênée par la présence de Lilith qui indique pour Verlaine que mariages, jugements, lois et justice sont le point litigieux de son ciel de naissance, Mars/Vénus/ Lilith conjoints sont déjetés sur le bas-versant de la VII° demeure légale et conjugale.

Verticalement, l'axe qui va du Fond-du-Ciel — illuminé par Jupiter en harmonie avec l'Ascendant de Verlaine — au Milieu-du-Ciel éclairé par la Lune est fondamental : l'admirable Fond-du-Ciel *s'étend des derniers degrés du Verseau, signe de l'Espérance, jusqu'à l'ultime degré des Poissons, douzième signe surnommé l'Hôpital du zodiaque, accablé d'infortunes et consolé par la grâce.* Jupiter, maître nocturne et bénéfique des Poissons, suggère que, si le premier quart de la vie de Verlaine est resplendissant, le dernier quart de son existence n'est qu'apparemment lamentable.

La III° Maison, celle des amis, voisinage, écrits, couvre une partie du Capricorne et la presque intégralité du Verseau. *Saturne,* maître bienfaisant du Verseau, s'y trouve en aspect favorable avec le beau Soleil vernal. Trop éloigné de Neptune pour signifier l'influence de l'idéologie marxiste, Saturne est cette EVOLUTION qui se produit à l'âge de 29 ans 1/2 environ. C'est en prison, après l'affreux incident de Bruxelles, que l'auteur des *Poèmes saturniens,* compose *Romances sans paroles,* puis *Sagesse.* Chef d'Ecole, d'une école, non pas décadente, mais *impressionniste,* il devait espérer que ses plus beaux poèmes, ceux de Rimbaud et *Poètes maudits* auraient, à partir du XXe siècle, une universelle audience. Le reste est sans importance[1].

1. ÉTUDES parues dans Les Cahiers des Amis de Paul Verlaine - Correspondante Madame Christiane Vincent, 79 rue du Cherche - Midi 75006 Paris.

VERLAINE QUI CHANTE*

Qu'importe la sainte,
L'étoile au nadir
Et le repentir
Noyés dans l'absinthe,

Qu'importe, après tout,
Qu'il pleuve ou qu'il vente,
La morte est vivante,
Voici le redoux.

Après tout, qu'importe
La mère qu'on eut ?
Quelqu'un est venu
Frapper à la porte.

Seul compte, la nuit,
L'espoir qu'on enfante,
Seul compte, aujourd'hui,
Verlaine qui chante.

VERLAINE ET RIMBAUD VUS PAR MATHILDE

EX-MADAME PAUL VERLAINE : MÉMOIRES DE MA VIE*

précédés d'une introduction de M. François Porché
Ernest Flammarion, éditeur — 1935

Dans cette pesante introduction, l'auteur de *Verlaine tel qu'il fût* critique les mémoires de la vie de Mathilde pour leurs fadaises (prétentions nobiliaires inculquées par sa famille, étalage d'affectueuses relations aristocratiques trop mondaines pour des personnes de moins noble condition.)

Il taxe « d'infantilisme » la narratrice et son style.

Née en Eure-et-Loire, le 17 avril 1853, Mathilde Mauté décède le 13 novembre 1914 à Nice. Après un second divorce, elle achève sa rédaction entre 1907 et 1911 afin de corriger des assertions injustes, et se démarquer des gourgandines qui, de 1891 à sa mort, s'étaient mises en ménage avec Verlaine.

Pour celle qui fut son enfantine fiancée, puis son épouse aimante, l'enfer commence avec l'irruption d'un juvénile et génial malotru dans son hyménée : débarqué sur l'invitation de Verlaine et surpris de découvrir ce poète inouï, enferré dans un matrimoine, Rimbaud, l'ange en exil, se comporte comme un éléphant dans un magasin de porcelaine.

Bien que sa gracieuse image d'« héroïne de *La*

Bonne Chanson » fût défigurée par Edmond Lepelletier dans *Verlaine, sa vie et ses œuvres,* elle considère toujours cet inconditionnel ami de Verlaine comme un être d'élite élevé par une mère accomplie. Mais pourquoi ce témoin loyal décrit-il ce qu'il ignore ? *« ...moi seule ai connu un Verlaine tout différent de ce qu'il était avec les autres : Verlaine, amoureux, c'est-à-dire transfiguré au moral comme au physique.*

Ni masochiste, ni seule au monde, Mathilde ignore les anomalies humaines. Respectueux de sa jeunesse, Verlaine, lui-même, ne la renseigne que par des propos insensés, ambigus. Enchantée par un tendre poète, comment aurait-elle pu prévoir que le Prince charmant de *La Belle et la Bête* allait devenir *« haineux, brutal, toujours ivre... »* Elle seule, aussi, avait connu un Verlaine semblable à celui-là.

L'année précédente, « à la fin de mai » (1871), Paul et Mathilde avaient appris que les troupes versaillaises bombardaient les Batignolles où logeait Mme Verlaine. Pour apaiser l'angoisse filiale de son mari, Mathilde, enceinte de Georges, partit chercher sa belle-mère. A pied, seule à travers les barricades ! Sous les obus ! Hôtel de Ville, Tuileries et Cour des Comptes flambaient.

Frappée de plein fouet par une aventure dont elle est, avant Verlaine, avant Rimbaud, la victime, Mathilde, bien qu'abandonnée, déçue et détachée d'un poète irresponsable, Mathilde, accompagnée de sa mère, toujours compréhensive et discrète, rejoint Verlaine à Bruxelles pour tenter de le sauver. Subrepticement disparu, n'avait-il pas fini par lui écrire : *« Ma pauvre Mathilde, n'aie pas de chagrin, ne pleure pas, je fais un mauvais rêve, je reviendrai un jour ».*

Que n'aurait-elle fait pour l'arracher à son « farouche » parasite ! Alors qu'en tête-à-tête, il vient de lui faire des confidences bizarres, imprudentes, Mathilde lui offre de laisser Georges à sa mère et de partir avec lui en Nouvelle-Calédonie retrouver, parmi les déportés français, Louise Michel unie à ses parents par des liens d'indestructible estime. Là-bas, Verlaine ferait un livre sur la Commune. *« A ma grande joie, ce projet paraît lui sourire et modifier ses intentions. »*

Ils quittent Bruxelles ensemble. Mais Verlaine, *« qui avait revu Rimbaud dans l'intervalle était ivre. »* A la frontière il reste sur le quai. *Je ne l'ai jamais revu ! »*, déclare Mathilde écœurée. A Paris, elle reçoit cette lettre : *« Misérable fée carotte... je rejoins Rimbaud s'il veut encore de moi après cette trahison que vous m'avez fait faire. »*

Cette insanité, digne du sublime potache qui le subjugue est plus que Mathilde n'en peut supporter. Des mois durant, honteuse d'avoir épousé un ivrogne, offensée, mais encore obnubilée, plutôt que de subir *« cette situation fausse qui est celle d'une femme séparée à dix-sept ans, car à cette époque on ne prévoyait pas encore le divorce... »*, elle avait choisi d'endurer et de se taire jusqu'à ce que son père, jugé inopportun par Verlaine, empêchât son *« gendre de tuer sa fille et son petit-fils. »* Dégrisé, Verlaine se repentait en pleurant et Mathilde pardonnait « *de bon cœur* ». Qu'aurait fait Lepelletier d'un tel gendre ? *« ...il aurait cassé la tête de son gendre. » « ...Cette fois mon parti était pris : après avoir remis cette lettre à mon père, je lui déclarai que j'étais décidée à demander la séparation... ce qu'il fit. »*

Malade pendant trois ans, mais bien soignée par le docteur Cros, Mathilde n'ouvrira que plus tard les autres lettres de Verlaine : *« Je ne demande pas mieux que de te pardonner, disait-il dans son inconscience... Il m'offrait d'aller vivre avec lui et son ami. »* Et de quitter Rimbaud pour l'attendre à Bruxelles. *« On ne tombe pas deux fois dans le même piège,* décide Mathilde. *« Vous n'avez pas eu toute patience »,* chante le poète. Alors que la mère de Verlaine s'adresse à M. Mauté, la mère de Rimbaud entre chez Mathilde et lui demande *« tout simplement de renoncer à la séparation parce que cela pourrait nuire à son fils. »* A Child-Wife, elle répond : *« J'avoue sans fausse honte qu'en effet je n'ai rien compris à la simplicité de Verlaine... Il avait une nature double et, dans l'ivresse, la mauvaise reparaissait toujours... Pour obtenir ma séparation il n'était pas besoin de calomnier Verlaine... Nous avions tout intérêt à éviter le scandale. »*

Confrontée *« à un poète de génie »* allergique au mariage comme aux contraintes élémentaires, Mathilde préserve Georges des charmes dangereux de son père. Par le livre de Lepelletier, elle connaîtra les réelles circonstances et les rebondissements du compagnonnage qui finit par un coup de pistolet, puis, la suite : après deux années d'incarcération, délivré de son intempérance, par sa conversion, *« Le pauvre prisonnier »* à l'issue de sa féconde solitude, se précipite en Allemagne où se trouve Rimbaud. *« Celui-ci refusa de le recevoir et Verlaine alla s'installer à Londres. »* Puis, *professeur à Rethel... Il vient voir son fils... et rêve de revenir habiter un jour cette maison hospitalière qu'il avait quittée... et maudite.. Que n'aurait-il donné pour reprendre la vie commune !... Brusquement,* il ne se manifeste plus : *« Il avait quitté le collège de Rethel où pourtant il se trouvait si bien, avec un de ses élèves, Lucien Létinois, mais celui-ci ne semble pas avoir eu sur lui la mauvaise influence de Rimbaud... Je trouve seulement fâcheux que cette paternité adoptive ait fait oublier à Verlaine son fils véritable et qu'il ait été jusqu'à acheter au nom du père Létinois une propriété qui eût dû revenir à Georges un jour. »*

Alors que Verlaine arrache à sa mère l'essentiel de ses biens sans, pour autant, verser leur pension à la femme et à l'enfant qu'il avait fuis, *« en emportant l'argent du ménage... »* Mathilde reprend goût à l'existence grâce à tous ses amis (dont Victor Hugo lui-même) et grâce à ses parents : *« Mon père subvenait à tous mes besoins et à l'éducation de son petit-fils. »* Mais sa mère s'éteignit. Sa merveilleuse mère, qui fut — et pourquoi pas ? — une élève de Chopin et l'initiatrice à la musique de Debussy, inspire à Mathilde cette oraison : *« Sa perte fut le plus cruel chagrin de ma vie. »* Quant à sa *« malheureuse belle-mère » ... sa seule faute fut sa grande faiblesse envers ce fils trop aimé, trop gâté : Elle expia durement ses torts. »* Sans proches de Verlaine, alité, mais aussi sans Georges, pensionnaire dans un collège éloigné de Paris, Mathilde, encore Parisienne en 1886 enterre la pauvre femme.

« Il y avait de quoi me rembourser... mon avoué s'empara du petit héritage, mais ayant appris que Verlaine était sans ressources, je lui en fis remettre une grande partie contre reçu que j'ai toujours... Il m'accusa de l'avoir dépouillé... » Vaillante et généreuse Mathilde !

Son vieux père ne disparaîtra qu'un an après l'avoir vue remariée. Dès la trentaine elle prend de l'embonpoint.

A Bruxelles, c'est par la presse qu'elle apprend la mort de Verlaine. Elle pleure en lisant *« les détails de cette fin lamentable... »* Et le bel enterrement ! A défaut de Georges, le musicien Charles de Sivry, demi-frère « très aimé » de Mathilde, *« conduisit le deuil ».* Après la publication d' *Invectives,* paraît, dans « le Figaro », un article qui proteste *« contre le projet d'élever une statue à Verlaine ».* A la première lettre d'Isabelle Rimbaud, Mathilde répond qu'elle a détruit, afin que Georges ne les lise jamais, les épîtres de Rimbaud, découvertes autrefois. Elle ajoute : *« Je suis surprise que Mlle Isabelle Rimbaud, aujourd'hui Mme Paterne Berrichon, n'ait jamais parlé à son mari de nos lettres échangées et que ce dernier persiste à réclamer des manuscrits qui n'ont jamais été chez mon père... »*

Fin 1900, comme elle habite Alger, Louise Michel, peu avant de mourir, séjourne et travaille à ses mémoires chez Mathilde. En 1908, alors qu'elle vit à Marseille, l'un des deux enfants de son remariage assiste à la pose de la première pierre d'un monument érigé, puis brisé sur la place d'Allauch.

Au Luxembourg, face au buste de Verlaine, qui fut Prince des poètes et *« le plus grand poète moderne »,* ses amis se réunissent le dernier samedi du printemps.

---

* Parus dans les Cahiers des Amis de Paul Verlaine, correspondante Madame Christiane Vincent, 79, rue du cherche-Midi 75006 Paris.

“ CHANGER LE MONDE ”

RIMBAUD

Charleville 1854 — Marseille 1891

Dans le ciel de naissance de Rimbaud quatre planètes éloignées de la Terre,
Saturne, Uranus, Neptune et Pluton
sont « rétrogrades » :

La gloire escomptée arrivera trop tard pour lui : Dans le climat de son époque matérialiste et conventionnelle, son œuvre moralisatrice a vraiment pour but, et partiellement pour effet, de *« changer le monde »*.

Echec immédiat qui transforme définitivement un jeune poète génial, mais désabusé, en déserteur (de l'armée néerlandaise), puis en explorateur ascétique — sans soutien ni profit. Sans situation dans la société de son temps :

Sa terrible mère, et son père qui priva les siens de sa présence en portent vraiment la responsabilité.

Avec son esprit mercantile, calculateur et logique, jamais à court d'arguments, et son hérédité terrienne, Rimbaud, le poète, comme Rimbaud l'aventurier, possède, en dépit des apparences, une honnêteté foncière qui l'autorise à juger ses proses poétiques et ses vers novateurs, dispersés aux quatre vents, suffisants. Suffisants pour la société de l'époque !

L'ascension posthume de cette œuvre succinte et

superbe, plus mystificatrice que mystique, est trop retardée pour l'enfant prodige, le poète étonnant, l'adolescent acerbe d'une sidérante beauté.

En 1884, Verlaine avait révélé — mais à l'insu de Rimbaud, son compagnon de naguère, affreusement isolé au Harar — cette œuvre inconnue

dans « *Les Poètes Maudits* ».

Une élite infime a lu « *Les Poètes Maudits* ». « Maudits » dans l'esprit de Verlaine signifie : ignorés

Trop longtemps ignorés !

Mais le triomphe posthume, tardif, persistant et mondial de Rimbaud est inscrit dans les astres.

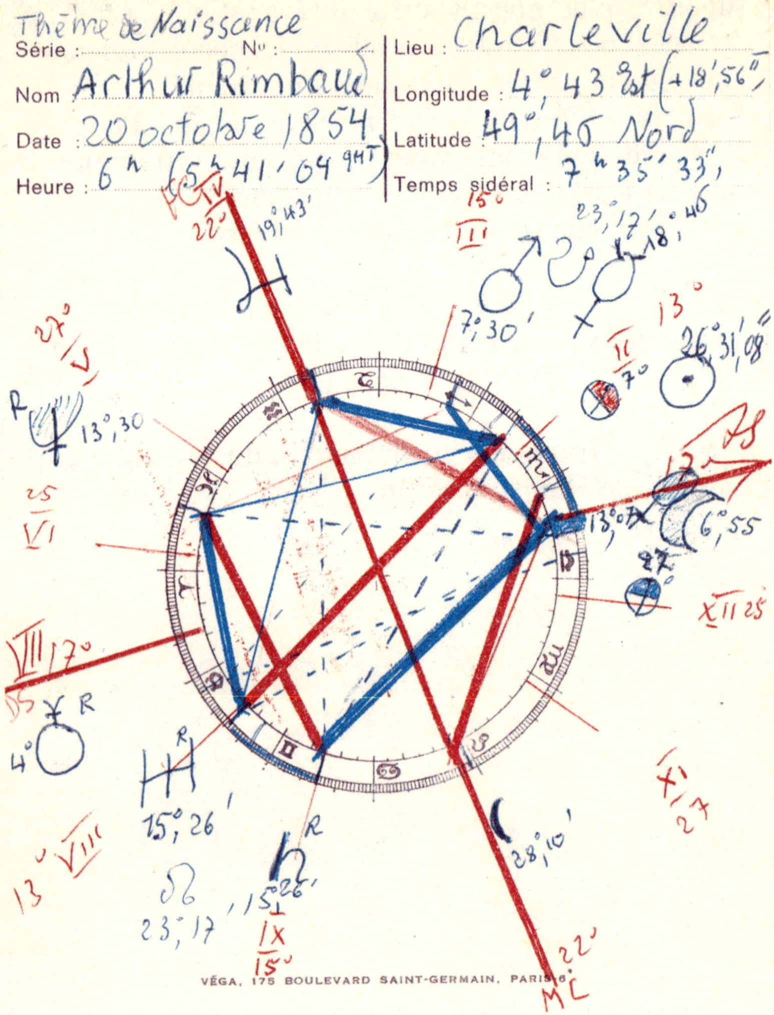
Thème de Naissance
Série :
N° :
Lieu : Charleville
Nom : Arthur Rimbaud
Longitude : 4°, 43 Est (+18', 56")
Date : 20 octobre 1854
Latitude : 49°, 45 Nord
Heure : 6 h (5 h 41' 04 GMT)
Temps sidéral : 7 h 35' 33"
VÉGA, 175 BOULEVARD SAINT-GERMAIN, PARIS 6e

HOROSCOPE DE RIMBAUD*

Il nait à six heures du matin, le 20 octobre 1854, à Charleville, entre « l'aube indicible » et l'aurore, la veille d'une nouvelle lune.

LUNE

descendante, proche de sa fin et qui n'est plus, *au-dessus* de l'horizon de Charleville, qu'un étroit croissant, séparé du Soleil par Vénus, dans la Balance. Le Soleil est encore sous l'horizon.

Vénus paraît.

La Balance est le septième signe dans l'ordre traditionnel du zodiaque. Ce signe « cardinal » est traditionnellement attribué à la justice, à la loi, et aux autres, quels qu'ils soient.

Lune en Balance = sociabilité

L'état de la Lune et sa signification révèlent des rapports pénibles avec les autres, mère, femmes ou foule que cette Lune étriquée personnifie, d'autant qu'elle se situe dans la plus infortunée des « maisons » zodiacales.

Cette XIIe maison

dont la cuspide (c'est-à-dire le degré de l'écliptique qui marque le début d'une maison) se trouve encore dans le signe de la Vierge, est étroitement unie à la « Part-de-Fortune ». Ce détail curieux dénote qu'en astrologie, tout comme dans la vie, le meilleur peut ressortir du pire. La Part-de-Fortune ou de chance, liée aux tribulations régies par Mercure, le Maître absolu de la Vierge, un Mercure tantôt mercantile, tantôt hermétique, la chance, pour Arthur Rimbaud ne se dissocie pas des misères de sa vie. Pourquoi ? A cause de sa forme d'esprit et des réserves, qu'il suscite par ses critiques très graves et très fondées, dont Mercure, tel qu'il est placé dans son ciel de naissance, nous donne la clé.

Ainsi, cette douzième maison, après cinq degrés dans la Vierge, couvre un peu plus de la moitié des trente degrés de la Balance. L'avaricieuse Lune y symbolise aussi la renommée car elle régit la Xe maison appelée zénith ou Milieu-du-Ciel.

MARS

La Lune, bien qu'en maison malheureuse, se trouve en excellent aspect avec Mars, situé dans la IIe maison, celle des gains. Mars est déjà dans le Sagittaire.Mercure, mercantile dans cette IIe maison, est dans le Scorpion, où il ne manque jamais d'arguments. Quant à Mars, en Sagittaire, il suggère, grâce à l'aspect favorable qui existe entre la Lune et lui-même, le caractère logique des activités intéressées de Rimbaud, de ses grands desseins et voyages, et de son ascendant sur autrui : logique en rapport avec son hérédité maternelle.

Nous y reviendrons en analysant l'axe II/VIII.

La Lune, en mauvais état, mal située, mais bien aspectée par Mars, est séparée du Soleil par Vénus.

Cette proximité entre Lune et Vénus traduit les caprices de la popularité au gré des canons changeants de l'art.

VÉNUS

Vénus règne dans la Balance. Vénus, « conjointe » à l'Ascendant, c'est-à-dire à la personne, confère beaucoup de séduction à celui qui naît sous son rayon.

Vénus symbolise, dans la Balance, un art aux pouvoirs immenses à la fois vitaux et posthumes, car elle règne également sur le Taureau, signe dans lequel se trouvent :

Pluton en Taureau (encore dans la VII° maison, celle qui concerne la justice, la loi, les autres).

Puis, Uranus, en Taureau (et sur la cuspide de la VIII° maison, traditionnellement attribuée à la mort, aux dons, à la survie).

Puis, même le nœud *ascendant* de la Lune (dont le cycle est de dix-huit ans et demi).

Vénus, qui vient de paraître, est dignifiée dans la Balance où se trouvent le Soleil, l'Ascendant, Vénus et la Lune.

L'Ascendant qui est la I° maison aux significatifs vitaux, couvre les treize derniers degrés de la Balance où paraîtra le Soleil, et les douze premiers degrés du Scorpion où se situe son aléatoire Part-de-Malchance.

L'ASCENDANT

L'Ascendant conjoint à Vénus marque cette personnalité du sceau d'un art aphrodisiaque, omniprésent et sans borne.

L'amour païen, l'art sensoriel influent sur sa personnalité, sur sa vie et sa survie.

LE SOLEIL

« En chute » dans la Balance qui est le signe de l'automne, le Soleil forme, avec le Milieu-du-Ciel un aspect exécrable. Que d'embûches ! Le Milieu-du-

Ciel nous renseigne sur sa réussite en ce bas monde.

Pour Rimbaud, le Soleil dans l'Ascendant est vital et personnel et représente son père, protecteur naturel, ou celui qui pourrait ou qui devrait en tenir lieu, et lui servir d'appui dans la vie : Soleil « en chute », Soleil déchu ou décadent ! Chute ou décadence qui s'inscrit dans son être et marque d'une aura funeste d'éventuels protecteurs.

Dans le signe légaliste de la Balance le Soleil déchu agit sur le signe du Lion qu'il gouverne.

La cuspide du Milieu-du-Ciel est encore dans le Cancer, mais le Milieu-du-Ciel se prolonge dans le Lion. La cuspide de la XIe maison, celle des espérances et des protections possibles, est située au vingt-sixième degré du Lion. Père ou protecteurs déchus ne se relèveront plus, ni dans les sentiments, ni dans l'opinion, ni dans l'estime de l'enfant, de l'adolescent, de l'homme appelé Arthur Rimbaud.

Que peut-il escompter ?

ECLIPSES SOLAIRES

Voyons le cycle de la Lune, cycle de dix-neuf ans, cycle qui provoque ces éclipses du Soleil *par la Lune* sur les points névralgiques occupés par les deux luminaires le 20 octobre 1854, lors de la naissance de Rimbaud.

Le 29 septembre 1856, l'enfant n'a que vingt-trois mois. Une éclipse solaire se produit sur le degré de la Balance imparti à la Lune au moment de sa naissance, le 20 octobre 1854 : le rôle de la mère qui éclipse le père n'a rien d'étonnant pour un être de cet âge.

Ce même phénomène se reproduit dix-neuf ans plus tard au *même degré* le 29 septembre 1875, époque où, malade, il est rapatrié chez sa mère qui va pour quelques mois l'inciter à préparer son baccalauréat. Cela se reproduira trois ans après sa mort, et puis en 1913 quand Jupiter en Capricorne et Saturne en Gémeaux, revenus dans ces signes qu'ils occupaient lors de sa naissance, suggèrent, 59 ans plus tard, une appréhension nouvelle de ses origines et de ses conceptions.

En 1865, le jour de ses onze ans, éclipse de son Soleil — par la Lune — C'est l'éclipse du père, protecteur vital. Il ressent l'absence durable de son père comme un manque, un abandon.

Dix-neuf ans plus tard, le jour de ses trente ans, en 1884, en un temps où *Saturne en Gémeaux* suggère qu'il achève de réviser ses opinions, éclipse du Soleil de sa naissance.

Pendant cette année solaire de Rimbaud (d'octobre 1884 à octobre 1885) : — Déchéance définitive de Verlaine, qui vient en 1884 de publier son premier ouvrage en prose « Les poètes maudits » avec les portraits de Tristan Corbière, d'*Arthur Rimbaud,* de Stéphane Mallarmé, de Villiers de l'Isle-Adam. Le Soleil déchu régit les derniers degrés de la XIe maison (espérances, protections escomptables) et la majeure partie du Milieu-du-Ciel, dont le début dans le signe du Cancer dépend de la Lune.

Le Milieu-du-Ciel en très mauvais aspect avec le Soleil, le Milieu-du-Ciel qui représente sa position dans le monde, sa réussite sociale, est comme annihilé :

LE MILIEU-DU-CIEL

En bon aspect avec Mars, la Lune qui n'est pas brillante régit le Milieu-du-Ciel au 22e degré du

Cancer, et, au 28° degré de ce même signe, donc au Milieu du Ciel, se trouve *Lilith*.

LA LUNE NOIRE

C'est le seul symbole astrologique qui soit vraiment maléfique, d'autant que le hasard ou la fatalité le place la-même où tout chacun le voit au Milieu-du Ciel.

Lilith a pour rôle — ou pour effet — quand elle est seule à occuper, au zénith, le secteur de la réussite en ce bas monde, d'effacer, d'anéantir toutes les caractéristiques de cette réussite : les caractéristiques zénithales de la dixième maison appelée Milieu-du-Ciel sont situation tangible et réputation. Les caractéristiques du Cancer, quatrième signe zodiacal, sont celles du Fond-du-Ciel. Les unes et les autres sont comme inexistantes.

Le cycle de Lilith, appelée « la lune noire » est de huit ans, dix mois et quelques jours.

En 1863, vers 9 ans, l'enfant Rimbaud subit une impression fâcheuse — une frustration. —

En 1872, à 17/18 ans, l'adolescent, au lieu de trouver la gloire, ressent sa détestable expérience, avec le faible Verlaine, comme un échec.

Fin 1880/1881 : en un temps où « la colonisation » est non seulement admise en Europe, mais prônée par les Puissances européennes en général, et par la France en particulier, le jeune homme, au Harar, ressent sa situation comme un échec : Evidemment ! Sa Part-de-Fortune n'est pas dans les gains mais dans solitude, épreuves, détresses. 1890 : Echec et maladie mortelle.

LES NŒUDS LUNAIRES

D'autre part, dans l'axe II/VII, se trouvent les Nœuds de la Lune.

II° maison, les gains, où (sous l'égide de Mars, maître du Scorpion) se trouve, entre Mercure en Scorpion et Mars en Sagittaire,

le Nœud *descendant de la Lune, descendant, donc restrictif :*

Evidemment ! La Part-de-Fortune est dans la maison des misères morales et physiques. Jamais ses gains ne le satisferont. Ils lui sembleront, *à juste titre,* dérisoires.

VIII° maison, la Mort, où (sous l'égide de Vénus, maître du Taureau) se trouve sur la cuspide de la VIII° maison,

le Nœud *ascendant de la Lune, ascendant, donc ascensionnel :*

Evidemment ! L'aspect que forme Neptune « dignifié » dans la V° maison, celle des conceptions et des œuvres enfantées — dans la douleur — car Neptune se trouve effectivement dans le signe des Poissons traditionnellement attribué aux pires infortunes, cet aspect de Neptune, magnifique dans le mystérieux secteur de la création, à Uranus, en chute dans le Taureau au degré de la Mort — et de la survie — cet aspect admirable entre Uranus et Neptune signifie précisément : *ascension,* ascension posthume, la réussite visible et terrestre étant comme annihilée.

Le cycle des nœuds lunaires est de : *dix-huit ans et demi.*

1873 : A dix-huit ans et demi, Rimbaud écrit « Une Saison en Enfer » qui ne lui rapporte rien, sinon la gloire posthume.

1891 : A trente-sept ans il expire. Ses poèmes traverseront les frontières et les époques.

L'axe deuxième/huitième maison, où, entre autres, se situent les nœuds lunaires, cet axe II/VIII est étonnant :

La deuxième maison, qui couvre d'abord plus de la moitié du Scorpion, huitième signe, dans l'ordre traditionnel du zodiaque, cette deuxième maison qui traduit la nécessité de gagner sa vie, commence dans un signe martien, alors que la huitième maison qui couvre d'abord plus de la moitié du Taureau, deuxième signe dans l'ordre traditionnel du zodiaque, cette huitième maison qui nous renseigne sur la mort, la résurrection ou la survie, héritages ou dons essentiels, commence dans un signe vénusien et prédominant car Vénus, dignifiée est « conjointe » à l'Ascendant.

Cependant, la maison II, gagner sa vie, suggère, (grâce aux planètes qui s'y trouvent :

Mercure en Scorpion sous l'égide nocturne de Mars, maître du Scorpion, et Mars, lui-même, mais qui, lui, séjourne en Sagittaire) que la matière grise et toute l'activité tantôt salutaires et tantôt critiquables, tantôt obstinées, tantôt dispersées, ont une logique propre à agir quotidiennement sur autrui. Bien qu'il soit en Sagittaire, signe traditionnellement attribué aux grands voyages dans l'espace ou le temps, Mars est le maître, non seulement des gains mercantiles et toujours insuffisants, mais aussi du Bélier, signe premier dans l'ordre traditionnel du zodiaque : où face à l'Ascendant, la VIIe maison couvre les treize derniers degrés du Bélier, puis les douze premiers degrés du Taureau. La VIIe maison nous renseigne sur autrui et les rapports compliqués par de nombreuses interférences entre divers signes, maisons, planètes sous l'influence active et logique de Mars, situé comme Mercure *et le nœud descendant de la Lune* dans le secteur des gains.

VII

Les autres seront influencés par cet état de fait.

Mais la seconde partie de la VII° maison, dans le Taureau se trouve sous l'égide nocturne de Vénus. L'obstination et le matérialisme qui colorent les caractéristiques de ce signe « de terre » attribué *à la terrestre obligation* de gagner sa vie sont, pour ainsi dire, imprégnés, dans le thème de naissance d'Arthur Rimbaud, par le charme de Vénus — unie à l'Ascendant en Balance, de Vénus, art et beauté vitale, même au-delà de la mort.

Et dans cette seconde partie de la VII° maison, au début du Taureau se trouve Pluton qui nous renseigne sur le climat d'une époque plus matérialiste qu'aventureuse.

Mars, maître de la première partie de la II° maison (celle des gains) et de la première partie de la VII° maison (autrui), Mars est déjà dans le Sagittaire (où il signifie : logique, et où il est en bon aspect avec la Lune).

IV
LE FOND-DU-CIEL

Jupiter est le maître du Sagittaire, mais il occupe la cuspide de la IV° maison, le Fond-du-Ciel. Voici, face au Milieu-du-Ciel, le Fond-du-Ciel, avec Jupiter, en chute dans le Capricorne, comme le Soleil est en chute dans la Balance.

Traditionnellement attribué au Milieu-du-Ciel, le

Capricorne avec Jupiter déchu au Fond-du-Ciel, nous renseigne sur l'invisible, l'inconscient de l'être, sur le pays, la maison paternelle et le foyer, sur les origines familiales, honnête hérédité déchue que Jupiter symbolise.

Jupiter, dans la maison natale et Mars, logique dans la maison des gains sont dits « en réception » : l'un serait bien chez l'autre, une activité logique et lucrative dans la maison natale, un argent honnête dans la maison des gains.

Symboliquement ils semblent en mesure d'échanger leurs « domicile » et « lieu d'exaltation ». Ainsi, Mars « s'exalterait » en Capricorne où seul Jupiter se trouve, et Jupiter régnerait en Sagittaire, où, seul, se trouve Mars.

Entre la logique de Mars, agissant avec bonheur, et Jupiter en chute, mais à peine affaibli dans cette maison propice aux abysses de l'hérédité, de l'inconscient, à la terre natale et aux biens immeubles, tous les échanges sont envisageables, d'autant qu'il existe entre Mercure, (l'esprit tantôt mercantile et tantôt mystérieux, hermétique) et Jupiter lui-même un aspect bénéfique, parfait. Que d'entente et d'échanges possibles, profonds, tentants, en dépit de réciproques critiques, — signifiées par l'opposition d'Uranus à Mercure.

MERCURE

Proche du Nœud descendant de la Lune, en Scorpion et dans le secteur des gains, Mercure est le Maître absolu de la Vierge et de la Part-de-Fortune unie, pour le meilleur et pour le pire à la XIIe maison appelée communément « l'hôpital du zodiaque » : La fortune, la chance, la grâce liées aux tribulations sont régies par cet esprit qui n'est jamais à court d'arguments, mais plutôt à court d'argent.

IX

Mercure en Scorpion signifie : argumentation, pour critiquer et changer de cap, en vertu d'un jugement excellent. D'ailleurs, Mercure régit également la transcendante neuvième maison où, au cœur même du signe fraternel des Gémeaux, se trouve Saturne le Maître du Fond-du-Ciel.

Quelles que soient les transpositions de son honnête famille, les arguments critiques d'Arthur Rimbaud se situent dans le secteur des gains et régissent, non seulement l'adversité, la fortune et la chance, mais aussi ses calculs profonds, symbolisés par la position remarquable de Saturne, les cheminements saturniens et des pérégrinations dans le temps, dans l'espace, ou par la pensée.

En tant que Maître de Saturne sur le degré même de la cuspide IX, Mercure, mercantile dans la maison des gains, se révèle capable de pénétrer dans l'invisible.

SATURNE,

sur le degré médian des Gémeaux où se trouve la IXe maison, dénote un esprit pénétrant et calculateur qui domine son honnête maison natale. *Saturne est bien placé dans la neuvième maison, et forme avec Vénus et l'Ascendant un aspect sublime :* Les calculs d'Arthur Rimbaud se révéleront fondés, en dépit de sa *dispersion* signifiée par un mauvais aspect de Neptune, puissant et mystique dans le signe des Poissons (traditionnellement attribué aux infortunes, mais qui se trouve, pour Arthur Rimbaud, dans la Ve maison, celle de la création).

V

Dans ce ciel de naissance extraordinaire, Neptune, aux pouvoirs merveilleux, tant dans le signe des Poissons que dans la V° maison (qui englobe la majeure partie de ce signe) V, que la tradition attribue aux amours, à la conception, à l'enfantement des enfants et des œuvres, aux spéculations, Neptune, est affecté par une dispersion dangereuse, autant pour l'inspiration du voyant que pour les spéculations du voyageur. Cependant, l'évolution intellectuelle et spirituelle remarquable reste en harmonie parfaite avec l'art , la personne, la sensibilité de cet être exceptionnel : C'est qu'il existe, entre ses calculs profonds et son Ascendant fascinant, une merveilleuse symbiose qui corrobore l'ascendant d'un artiste né.

Entre la V° maison, celle des amours de la création, et Vénus qui règne sur la Balance, les luminaires qui s'y trouvent, l'Ascendant qu'elle touche, le Taureau, et les astres et la mort ascensionnelle, l'accord est évident. C'est un accord superbe et moral. L'accord absolu entre Saturne et Vénus/Ascendant en Balance est non seulement souligné par le trait heureux qui relie Saturne à Vénus et à l'Ascendant d'Arthur Rimbaud, mais par un autre aspect fondamental : *Le signe de la Balance est le lieu d'exaltation de Saturne.*

Alors qu'importe la dispersion !

D'autant que *le lieu d'exaltation de Vénus est,* (dans la V° maison) *le signe des Poissons, royaume de Neptune qui s'y trouve,* et forme avec Uranus, sur la mort et en Taureau, cet aspect qui signifie *ascension.*

Alors qu'importe la mort !

Le 20 octobre 1854, jour de la naissance d'Arthur

Rimbaud, Mercure, Vénus, Mars et Jupiter sont « directs ».

Mais Saturne et les planètes transsaturniennes Uranus, Neptune et Pluton sont « rétrogrades ». Les effets de ces rétrogradations des planètes plus éloignées de la Terre que Jupiter se produisent tardivement.

Le cycle de Saturne est de vingt-neuf ans et demi : plus que tout autre, à vingt-neuf/trente ans, Rimbaud révise ses conceptions antérieures. Vraisemblablement, il écrit, à cet âge de sa vie, des pages transcendantes. Il est possible qu'un chef-d'œuvre, inconnu à ce jour, ait subi des avatars : perte, dépôt secret, destruction ? Il est possible qu'un éventuel manuscrit soit exhumé, ne serait-ce que pour le centenaire de sa mort, en 1991.

1883 : Il a vingt-neuf/trente ans, quand paraissent enfin, dans la revue « Lutèce » l'étude que lui consacre Verlaine, et aussi des poèmes d'« Une Saison en Enfer ».

1884 : Parution de la prose de Verlaine *Les Poètes Maudits* où figure son portrait.

URANUS

La V° maison, celle de la création, débute dans les derniers degrés du Verseau, signe régi par Saturne, selon la tradition, puis également attribué à Uranus, depuis 1781-1789, années de la découverte, par Herschel, d'Uranus, de deux de ses satellites puis de deux satellites de Saturne. Ainsi, le Verseau appartient-il autant ou davantage à Uranus qu'à Saturne.

A la découverte d'une planète transsaturnienne, correspond, étrangement, une prise de conscience *collective,* d'un état de choses, de faits ou d'événements que seul, un petit nombre d'initiés ou de techniciens était en mesure de percevoir antérieurement.

Ainsi, Uranus fut découvert à l'époque où les insurgents d'Amérique furent à la mode, quelques mois avant la bataille de Yorktown, alors que les frères Montgolfier réalisaient le rêve d'Icare.

Maître, avec Saturne, du Verseau aux espérances messianiques, Uranus, régi par Vénus dans le signe du Taureau, Uranus uni à la Mort, forme avec Neptune cet aspect qui signifie ascension, ascension posthume, étant donné l'absence de réussite au Milieu-du-Ciel.

Face à Mercure, mercantile dans le secteur important des gains, Uranus, en chute dans le signe du Taureau, mais régi par Vénus dénote la durée des critiques obstinées que son ascension peut susciter, suscitera.

Il perd sa vie plutôt qu'il ne la gagne.

Qu'importe ! La Ve maison corrobore l'ascendant posthume du poète et ses dons innés.

Nous avons vu les significatifs du retour de Saturne dans les Gémeaux en 1883/84.

Le cycle d'Uranus est de quatre-vingt-quatre ans.

En mai 1968, quatre-vingt-quatre ans après la publication de poèmes d'*Une Saison en Enfer*, les étudiants délirants crieront « *changer la vie* » dans Paris sens dessus dessous.

NEPTUNE,

régi par Jupiter, puis aussi par lui-même depuis sa découverte par Le Verrier en 1846, Neptune, dont le cycle d'Uranus moins trois ans, Neptune aux pouvoirs cycle d'Uranus – trois ans, Neptune aux pouvoirs suprêmes dans le signe des Poissons et dans la Ve

maison, Neptune, mystique et voyant, magnifie une œuvre géniale.

PLUTON,

dont le cycle est de deux cent quarante neuf ans environ, Pluton, dans sa course autour du Soleil, décrit une ellipse telle que les durées de ses passages dans les différents signes du zodiaque varient à l'extrême : Trente et un ans dans le Taureau, onze ans dans le Scorpion :

De 1984 à 1995 dans le Scorpion ; nous ressentons non pas l'accélération de l'Histoire, mais l'accélération du temps.

Pluton n'a été découvert qu'en 1930, année de la parution de l'ouvrage de Freud *Le malaise dans la civilisation.* Les illusions de tous bords allaient s'évanouir.

Pluton qui nous renseigne sur le climat de l'époque met trente et un ans pour traverser le signe du Taureau, de 1853 à 1884 environ au dix-neuvième siècle. Pendant presque toute la durée de la vie de Rimbaud. Le temps semble long quand Pluton, tous les quarts de millénaire traîne trente et un ans en Taureau. Pendant ces périodes (aphélie de Pluton) se créent, de-ci, de-là dans le monde, les académies, les universités, les écoles.

Au cours des temps historiques, de Thalès à Jules Ferry, ces périodes où Pluton se trouve en Taureau pourraient être titrées : *Vulgarisation de l'Enseignement.*

En France, du temps de Rimbaud, s'instituent la gratuité, la laïcité, l'obligation de l'enseignement primaire.

Le 20 octobre 1854, à six heures du matin, sur l'horizon de Charleville, *Vénus paraît.*

Pour Arthur Rimbaud, Vénus qui paraît est l'Art.

Mais pour son époque et ses contemporains [1], Vénus n'est que la vertueuse et victorienne fidélité.

Dans une société stupide aux tabous stéréotypés, honte et malheur à ceux qui sortent des sillons tracés et des chemins battus [2].

Le scientisme imbécile de Monsieur Homais nous paraît grotesque aujourd'hui.

Tous les poncifs qui nous sont aujourd'hui intolérables le furent pour Rimbaud.

1. 1856 : publication de Madame Bovary — Succès de scandale du chef-d'œuvre de Flaubert.

2. 1857 : procès et condamnation des Fleurs du Mal, chef-d'œuvre de Baudelaire.

THÈME ASTRAL D'ARTHUR RIMBAUD*

Sur la Meuse française, un horizon connu,
à l'aurore en Ardenne aux confins de l'Argonne,
Arthur Rimbaud naissait. Son ascendant étonne !
Entre la Lune et le Soleil paraît Vénus.

Déchu, l'astre du jour quand tremble un arbre nu !
Entre la Lune étroite et le Soleil d'automne,
le peseur d'âme a mis l'Ascendant en personne
et Vénus, la survie, *à la mort, Uranus.*

En voyageant, l'esprit saturnien pénètre
le fonds, l'inconscient. Neptune, heureux, est Maître,
Maître d'Œuvre. Lilith obscurcit le zénith,

face à Jupiter ; Mars logique ; Hermès, avide.
Et Vénus-Aphrodite aux pouvoirs infinis
dans la Balance à l'Ascendant est l'art sans ride.

---

* Horoscope et sonnet parus dans Rimbaud vivant n° 16 (1978).

EN RELISANT RIMBAUD*

Ce qui frappe essentiellement chez ce poète si précoce et bouleversant, c'est sa sincérité, son acuité sensorielle et sa lucidité.

(le sens prime la règle qui exige qu'un pluriel rime avec un pluriel.)	*« Oisive jeunesse* *À tout asservie* *Par délicatesse* *J'ai perdu ma vie.* *Ah ! Que le temps vienne* *Où les cœurs s'éprennent »*.

FÊTES DE LA PATIENCE
Chanson de la plus haute tour

écrite en mai 1872 : Rimbaud était âgé de dix-sept ans et demi. Qu'il ait eu recours à des artifices susceptibles d'accroître son sixième sens afin d'en explorer les pouvoirs et les limites semble évident ; Ses lettres de Mai 1871 à Izambard et Demeny et ses poèmes en témoignent.

« Il a peut-être des secrets pour *changer la vie ?* »
UNE SAISON EN ENFER
L'époux infernal

Rimbaud connaissait la sémantique. Il chargeait les mots, non seulement de leur sens étymologique et contemporain, mais aussi de leur impact et de leurs résonances à la fois successives et simultanées, selon les époques, les contextes et les associations d'idées dont ils procèdent et qu'ils suscitent et susciteront :

« Voici le temps des *Assassins* ». Souligné dans cette phrase finale d'un poème en prose des ILLUMINATIONS intitulé Matinée d'Ivresse, le temps des *Assassins* nous semble traduire une prescience bien qu'il s'identifie, dans le contexte de l'ivresse, aux Hachischin dont il est issu. Alors que vers l'an 1200, en Orient, l'ivresse par le hachisch conduisait les tenants d'une secte islamique à l'assaut, au massacre, en Occident, l'ivresse provoquée par l'alcool poussera les troupes à l'attaque.

Dans le contexte de l'ivresse et de l'inspiration expliquées dans la lettre du voyant, il s'agit pour le poète qui ressent que « JE est un autre » d'accomplir le mythe prométhéen du « voleur de feu ».

« Enfant gêneur », « âme sentinelle », « voyant » dévoyé toujours lucide, « farceur » on ne peut plus sérieux, et dont se réclament aujourd'hui des adolescents asservis à des drogues mortelles sous le couvert dérisoire d'une quête aventureuse, néo-romantique et libertaire de l'amour, Rimbaud tenta sans succès de s'affranchir de l'idée même du Bien et du Mal que son éducation lui avait inculquée. Ceci paraît être la clé de son destin.

« C'est faux de dire : Je pense : on devrait dire on me pense... »

« Et la mère fermant le livre du devoir
S'en allait satisfaite et très fière, sans voir,

Dans les yeux bleus et sous le front plein d'éminences
L'âme de son enfant livré aux répugnances ».
Les poètes de sept ans

Dévoré par une soif impérieuse et multiple, soif d'amour, de connaissance, de départs, de gloire et de fortune, Rimbaud est conscient de l'état où il se trouve :

(le sens prime la règle).

« Et la soif malsaine
Obscurcit mes veines. »
Chanson de la plus haute tour

(le sens prime la règle)

« Chansonnier, ta filleule
C'est ma soif si folle
Hydre intime sans gueules
Qui mine et désole ».
Comédie de la soif
2. Esprit

Assez fort pour ne pas sombrer dans la folie comme Gérard de Nerval qui disparut trois mois avant sa naissance, ou comme Nietzsche né la même année que Verlaine, et qui formulera ces idées qui déjà flottent dans l'air du temps et dont Rimbaud capte, sans plus attendre, l'essentiel :

« Ces mille questions
Qui se ramifient
N'apportent au fond

Qu'ivresse et folie » ;
Âge d'or

Assez écœuré des mesquineries contemporaines :

« Mourir aux fleuves barbares. — Aller où boivent les vaches. — Ah ! tarir toutes les [urnes ! ».
Comédie de la soif

Assez malheureux : *« Que pouvais-je boire dans [cette jeune Oise »,*
Larmes — mai 1872

« Pleurant, je voyais de l'or — et [ne pus boire ».
Alchimie du verbe

Assez révolté, face aux hypocrisies ignobles inhérentes aux mœurs de l'époque :

« Juste ! plus bête et plus dégoûtant que les lices !
Je suis celui qui souffre et qui s'est révolté ! »
« Le Juste restait droit sur ses hanches solides... »

Contemporain des Premières communions qui datent de l'été 1871 quand Rimbaud était âgé de seize ans et demi, ce poème contient trois fois le mot maudit, dans la cinquième, la septième puis la huitième strophes :

« Je suis maudit, tu sais. Je suis saoul, fou, livide »,
« Respectez le Maudit suprême aux nuits sanglantes ! »
« — Vents nocturnes, venez au Maudit ! Parlez-lui ! »

Assez insolent pour dédier à Monsieur Théodore de Banville, sur le point de publier son Petit Traité de Poésie, quarante strophes, classiques par la forme, mais dont le genre ne rappelle guère l'Art pour l'Art que Baudelaire, lui-même prôna. Daté du 14 juillet 1871, voici la deuxième strophe qu'adresse le génial potache au bon Théo, poète lyrique et porte-laurier, véritable antithèse du Maudit :

« A notre époque de sagous
Quand les Plantes sont travail-
[leuses,
Le Lys boira les bleus dégoûts
Dans tes Proses religieuses ! »

Mais n'est-ce pas aussi à lui-même ou à son double que Rimbaud s'adresse malicieusement ?

« Sers-nous, ô Farceur, tu le
[peux,
33ᵉ strophe *Sur un plat de vermeil splendide*
Des ragoûts de Lys sirupeux
Mordant nos cuillers Alfénide ! »

Dans ce morceau de bravoure — contemporain des lettres du voyant à Izambard et Demeny — Rimbaud s'amuse à démontrer qu'il oppose aux images conventionnelles des floralies insolites :

« *Trouve des chardons coton-*
[neux
31e strophe *Dont dix ânes aux yeux de braises*
Travaillent à filer les nœuds !
Trouve des fleurs qui soient des
[chaises ! »

et nous offre une vision réaliste, bien que fugace du monde, comme le font les peintres impressionnistes, et l'exprimeront les modernes :

« « *En somme, une Fleur, Romarin*
20e strophe *Ou Lys, vive ou morte vaut-elle*
Un excrément d'oiseau marin ?
Vaut-elle un seul pleur de chan-
[delle ?

Précédemment, Rimbaud à quinze ans et demi avait donné la mesure de ses dons avec un poème très court et très simple dont chacun se souvient : « Par les soirs bleus d'été... » Chef d'œuvre sans titre, mais que des exégètes bien intentionnés ont appelé : *Sensation.*

Les Etrennes des Orphelins, par contre, évoquent par la facture et le thème les poèmes anecdotiques de Victor Hugo.

Ophélie exhale un charme incomparable bien que proche de celui des Chimères de Gérard de Nerval si différentes, ne serait-ce que par leurs formes.

Le Bateau ivre, digne du Voyage de Baudelaire est déjà typiquement rimbaldien. Ces trois poèmes classiques sont parmi les plus beaux de la langue française, aussi célèbres, même aujourd'hui, que ses fulgurants poèmes en prose d'Une Saison en Enfer et des Illuminations.

Comme il existe des vers plats et prosaïques, il existe des proses incandescentes et poétiques.

DES SONNETS RIMBALDIENS

Ce sont deux quatrains suivis de deux tercets dont la forme n'est ni fixe ni réglementaire. Cependant, dans *Oraison du soir,* comme pour pallier le caractère superbement scatologique du onzième et du treizième alexandrins, les rimes du second quatrain correspondent fidèlement à celles du premier, rimes riches qui ménagent malicieusement un effet de surprise amusée.

Dans les quatorze vers de *Voyelles,* il y a douze rimes féminines et deux rimes masculines : studieux et Yeux, ce qui donne au dernier vers une importance incomparable et magique :

« - Ô l'Oméga, rayon violet de Ses Yeux ! »

VERS LIBRES ET POÉSIE LIBÉRÉE

Daté de juillet 1872, *Bruxelles* aux décasyllabes fantaisistes qui expriment l'humeur charmante d'un jour heureux est un modèle du genre. Il faut du génie pour réussir un tel tableau en vers libres, sans règles astreignantes, mais sûres. Les procédés originaux sont périlleux et plus délicats à manier que ceux de la poésie classique ou de la prose poétique.
Sans pour autant en abuser Rimbaud ne dédaigne pas les inversions.

« Seigneur, quand froide est la prairie... »

(Les Corbeaux)

« Or ni fériale / ni astrale ! n'est / la brume qu'exhale / ce nocturne effet. »

(Entends comme brame...)

Dans *Bonne pensée du matin* aux mètres si diversifiés, l'alexandrin final exauce « *les Amants,*

Dont l'âme est en couronne

En attendant le bain dans la mer à midi ».

Synérèse et diérèse répondent aux nécessités rythmiques :

(« Puisque je suis patient ! »

(Comédie de la soif. 4. Le pauvre songe)

« Qui remuerait les tourbillons de feu furieux »,

(Qu'est-ce pour nous, mon cœur...)

Et qu'importe l'élision à l'hémistiche, quand le sens est renforcé grâce au rythme obtenu :

« Périssez ! puissance, justice, histoire : à bas ! »

(Qu'est-ce pour nous, mon cœur...)

Qu'importe le mépris d'une élision si l'assonance intérieure enchante l'oreille :

« Mais l'araignée de la haie... » (Le loup criait...)

Qu'importe l'emploi indifférent de rimes — quels que soient leur genre et leur nombre si l'oreille est séduite et l'esprit satisfait :

« Que ce sont bien intrigues de génies
...
C'est la fée africaine qui fournit »

par d'agréables allitérations et des images nouvelles, des assonances vagues :

« Le marié a le vent qui le floue
...

....
Entrent vaguer aux sphères de l'alcôve ».

qui laissent voguer nos imaginations, ou des contre assonances [1] dont l'ambiguïté souvent exquise et toujours troublante nous laisse des impressions picturales et mélodiques, évocatrices des indécisions tonales de Gabriel Fauré, (pourtant plus proche par l'âge et la sensibilité de Verlaine que de Rimbaud) et des dissonances harmoniques de Claude Debussy.

« Pas de place : des coffrets et des huches !
Dehors le mur est plein d'aristoloches »
...

Ces décasyllabes syncopés sont très différents de ceux des troubadours comme en témoigne l'ultime strophe de *Jeune ménage :* quatrain libre et gracieux où plusieurs règles des traités de poésie sont délibérément violées :

---

1. Contre-assonances intérieures au vers chez Verlaine ; mais qui remplacent la rime dans certains poèmes de Rimbaud : « ... qui pèse ou qui pose » (Verlaine Art Poétique).

« S'il n'arrive pas un feu follet blême,
Comme un coup de fusil après des vêpres.
- O spectres saints et blancs de Bethléeem,
Charmez plutôt le bleu de leur fenêtre ! »

(27 juin 1872)

Cet exemple merveilleux ou détestable — selon les opinions forcément divergentes des modernes ou des classiques — est moins fascinant qu'*Entends comme brame,* cinq quatrains musicaux sur un rythme de cinq pieds :

Dans la première strophe la rime croise l'assonance.
La cinquième strophe, où « triste » répond à « reste »
s'achève sur un vers vaguement assonancé de six pieds dont le dernier mot, à la fois invariable et précis donne à ce poème inouï un prolongement d'écho des bois.

« Entends comme brame
près des acacias
en avril la rame
viride du pois !

Dans sa vapeur nette,
vers Phœbé ! tu vois
s'agiter la tête
de saints d'autrefois...

Loin des claires meules
des caps, des beaux toits,
ces chers Anciens veulent
ce philtre sournois.

Or ni fériale
ni astrale ! n'est
la brume qu'exhale
ce nocturne effet.

Néanmoins ils restent,
« Sicile, Allemagne,
dans ce brouillard triste
et blêmi, justement ! »

Dans une réédition du Mercure de France, Paterne Berrichon intitulait *Entends comme brame... : — Silence* — en se référant à l'Alchimie du verbe : « J'écrivais des silences, des nuits, je notais l'inexprimable. Je fixais des vertiges » Encore eût-il fallu mettre *Silence* au pluriel. Les actuels exégètes de Rimbaud ont renoncé à ce titre hasardeux. D'autre part ils transcrivent les cinq vers barrés du manuscrit d'*Ô Saisons, ô Châteaux !...*

(Aux heptasyllabes mélodieux s'ajoute le leitmotiv en hexamètres.)

« Et, si le malheur m'en-
[traîne,
Sa disgrâce m'est certaine.
Il faut que son dédain, las !
Me livre au plus prompt
[trépas !
Ô Saisons, ô Châteaux ! »

Un autre poème, cher à Rimbaud qui le cite, tant bien que mal dans *Alchimie du verbe* est l'*Eternité :*

Elle est retrouvée.
Quoi ? L'Eternité.

	C'est la mer allée *avec le soleil.*
Charme ineffable, dû aux contre assonances [2] sentinelle et nulle	*Âme sentinelle,* *Murmurons l'aveu* *De la nuit si nulle* *Et du jour en feu.*
élans et selon	*Des humains suffrages,* *Des communs élans* *Là tu te dégages* *Et voles selon.*
seules et s'exhale !	*Puisque de vous seules* *Braises de satin,* *Le Devoir s'exhale* *Sans qu'on dise : enfin.*
puis après une diérèse : orietur ces deux synérèses : « *science avec patience* ».	*Là pas d'espérance,* *Nul orietur* *Science avec patience,* *Le supplice est sûr.*

Chanson infinie que l'Eternité ! et qui suffirait à justifier la gloire *éternelle* du jeune poète qui la compose : « Le jeune homme… Impétueux avec des douceurs virginales… Se prend à désirer sa sœur de charité ». Celle qu'il n'a pas rencontrée sur la terre.

« Mais, ô Femme, monceau d'entrailles, pitié douce,
Tu n'es jamais la sœur de charité, jamais…

Alors, et toujours beau, sans dégoût du cercueil,
Qu'il croie aux vastes fins, Rêves ou Promenades
Immenses à travers les nuits de Vérité,
Et t'appelle en son âme et ses membres malades,
Ô mort mystérieuse, ô sœur de charité ».

Quelle prescience prématurée, contemporaine de « la lettre du voyant ! » *Les Sœurs de charité* bouleversent aujourd'hui des jeunes filles et des femmes qui croient qu'elles auraient dû rencontrer Arthur Rimbaud dans le temps et dans l'espace pour l'aimer passionnément, mais il leur eût dit :

« C'est toi qui pends à nous porteuse de mamelles
Nous te berçons charmante et grave Passion ».

---

2. Etudes parues dans *Rimbaud Vivant* n° 18/19, 1980.

H

Toutes les monstruosités violent les gestes atroces d'Hortense. Sa solitude est la mécanique érotique, sa lassitude, la dynamique amoureuse. Sous la surveillance d'une enfance elle a été, à des époques nombreuses, l'ardente hygiène des races. Sa porte est ouverte à la misère. Là, la moralité des êtres actuels se décorpore en sa passion ou en son action — ô terrible frisson des amours novices sur le sol sanglant et par l'hydrogène clarteux ! Trouvez Hortense.

Arthur RIMBAUD

Cette *Illumination* de Rimbaud suscite encore un nombre impressionnant d'interprétations. L'injection finale : *trouvez Hortense.* nous incite à la chercher. Où ? Partout. Hortense est l'une de celle qui fut, *à des époques nombreuses, l'ardente hygiène des races.* Hortense exerce le plus vieux métier du monde : *Toutes les monstruosités violent les gestes atroces d'Hortense.* Hortense personnifie, non pas l'Amour que *Vénus, Reine des Bergers,* dispense — dans Alchimie du Verbe, comme dans Bonne Pensée du Matin, aux *Amants/Dont l'âme est en couronne,* mais l'amour vulgaire et décevant, entaché de luxure, de vénalité, de sodomie ou d'onanisme. Compatissons au sort d'Hortense : *Sa solitude est la mécanique érotique, sa lassitude, la dynamique amoureuse.* Pourtant, *Sa porte est ouverte à la misère.*

Prostituée femelle ou travesti, Hortense est un palliatif. L'initiale de son nom est inaudible, inexistante : Nous prononçons Ortense. Pépite infime dans la boue du monde, nous pouvons, sans la chercher, la trouver par hasard, avant de découvrir *l'ineffable, l'inconnu,* l'indescriptible amour qui peut être cet H aspiré comme le Hé, cinquième lettre de l'alphabet hébraïque, alphabet composé de vingt-deux consonnes, alphabet où les *voyelles* doivent se deviner [3].

Le Hé équivaut au cinq. Le V romain est identique au V, vingt-deuxième lettre de l'alphabet français. Le Littré dont Rimbaud s'est beaucoup servi nous dit dans la rubrique U : « 1° la cinquième des voyelles et la vingt et unième lettre de l'alphabet... 2° On distinguait autrefois deux sortes d'*u,* l'*u* voyelle et l'*u* consonne qui est le *v.* »

Dans l'incipit de Voyelles, Rimbaud, pour éviter une dissonance, inverse l'ordre alphabétique de l'O et de l'U :

A noir, E blanc, I rouge, U vert, O bleu : voyelles,

puis, renonçant au dernier mot de l'alexandrin, il rétablit d'instinct — dans l'Alchimie du Verbe — l'ordre chiffré : *J'inventais la couleur des voyelles ! — A noir, E blanc, I rouge, O bleu, U vert.* (vital et *viridis*). U vert ou V Cinquième signe — Cinquième jour : V = V — Vita = Vie, amours, enfants et conceptions, le jeu et les spéculations, la créativité.

Autrefois, du temps des Chaldéens, de la Babylonie à l'époque de Descartes les astronomes étaient aussi des astrologues.

Par analogie avec Vénus, dont l'éclat céleste emplit d'extase le pâtre solitaire qui assiste à son coucher, le guetteur qui la regarde se lever avant l'aube, l'artiste qui la contemple et les amants qu'elle émerveille, les mythes antiques ont consacré Vénus, *Reine des Bergers,* déesse de l'amour et de la beauté ; beauté visible aux aspects connus et perceptibles.

Dans l'ordre planétaire connu de l'univers solaire, la Terre paraît immobile et Vénus a pour nous l'apparence d'une étoile.

Il y eut, avant la découverte d'Uranus par Herschel en 1781, sept corps célestes visibles classés par ordre croissant d'éloignement, et puis, les sept merveilles du monde ; il y a toujours les sept couleurs de l'arc-en-ciel et même les sept jours de la semaine :

A l'époque hellénistique, un mage ou un gnostique d'Alexandrie d'Egypte eut envie de faire coïncider Vénus, radieux symbole de la féminité, astrale déesse de l'amour et de la beauté, avec le cinquième des jours de la semaine. Pourquoi ? Parce que le V est le chiffre de l'amour sensible *et* de l'Amour ineffable, « imperceptible aux sens » appelé Dieu par les croyants, « l'Etre, la Réalité.. l'Essence, l'Intériorité. Dieu est le seul Moi ; Il est l'Unique Autre, qu'on ne saurait comparer à quoi que ce soit. Il est l'unique sûr dont on ne doit ni ne peut se faire une idée par analogie. » [1]

1. Alexandre Safran, La Cabale — Payot — 1960.

Dans la Genèse, comme encore au Portugal aujourd'hui, les jours vont, du premier, jour du Seigneur, au Sabbat, jour du Repos divin ; le huitième jour de la Résurrection qui voit recommencer la semaine, est de nouveau le jour du Seigneur.

Reliquat d'un ordre apparent du monde, ordre empirique accepté par Hipparque, puis par Ptolémée, ordre estimé satisfaisant jusqu'à Copernic, les noms que nous donnons aux jours de la semaine ont pour origine une pratique « magique ».

Il suffit de compter, autant de fois que nécessaire, jusqu'à CINQ pour que le CINQUIÈME jour soit le jour de Vénus :

Voici l'ordre désuet de la Lune, des planètes et du Soleil qui occupe par un souci de symétrie la place de la Terre sensiblement immobile :

LUNE	MERCURE	VÉNUS	SOLEIL	MARS	JUPITER	SATURNE
☾	☿	♀	☉	♂	♃	♄

En partant de la Lune, premier jour, lundi, Montag, Monday, on compte jusqu'à CINQ : on obtient Mars : deuxième jour, mardi, Dienstag.

En partant de Mars, on compte : Mars, Jupiter, Saturne, Lune, Mercure et mercredi, jour de Mercure devient le troisième jour. Puis, on compte : Mercure, Vénus, Soleil, Mars, Jupiter : jeudi ou Donnerstag, jour du tonnerre de Zeus. Enfin, on compte : Jupiter, Saturne, Lune, Mercure, Vénus : Vendredi est devenu le jour de Vénus ! et ainsi de suite...

Il n'est pas impossible que Rimbaud ait entrevu dans un grimoire la très bizarre appartenance des jours de notre semaine. L'explication en est donnée pas l'astronome Paul Couderc dans Les étapes de l'astronomie (p. 67 et 68) Collection Que sais-je — P.U.F. 1945.

Rimbaud n'a-t-il pas dit dans PHRASES : *Je ne pourrai jamais envoyer l'Amour par la fenêtre.*

Evidemment, il ne s'agit pas des *amours novices* et de la dynamique amoureuse d'Hortense qui fait, n'importe où, n'importe quoi avec n'importe qui, mais de l'indescriptible inconnu, de l'ineffable, imprononçable Amour sans borne dont l'apparente et tragique absence a tourmenté la géniale et fulgurante adolescence de Rimbaud : Le Hé qui correspond au H aspiré, se prononce he « suivant l'épellation » décrite par Littré sous la rubrique H, he comme la cinquième lettre hébraïque [3] :

« HÉ, nous rencontrons ici la lettre appelée le « Palais sacré » lettre divine par excellence du fait de son rôle primordial dans la composition du Nom sacré Y H W H le Nom imprononçable, le Tétragramme ».

« Et par l'hydrogène clarteux » le poète qu'illumine une fulgurante inspiration, découvre, émerveillé, une sensation d'apesanteur qui l'apparente aux mystiques visités par la grâce.*

---

2. Renée de Tryon Montalembert/ Kurt Hruby La Cabbale — Retz — 1974.

3. Maryse Lévy, l'Horloge étoilée — Grassin — 1978 (p. 22) et l'Oiseau des sables, Véga, 175 Bd Saint Germain, Paris, 1983, p. 88. Editions de la Maisnie.

* Article paru dans la Revue de l'Académie Européénne des Arts France n ° 4/5 1 ° trimestre 1985 Rédacteur en chef Gabriel-Jacques Sayag, 9 bis rue des Gallardons, 92290 Chatenay-Malabry..

GERMAIN NOUVEAU
(Humilis)

Pourrières 1851 — Pourrières 1920

A première vue, le ciel de naissance de Germain Nouveau paraît simple et clair.

Mais à mesure que s'affine l'analyse, il devient difficile de démêler l'imbroglio des significations astrologiques majeures et mineures. Les aspects les plus importants sont paradoxaux.

Il s'agit de saisir le sens et le rôle de l'Amour chez ce Vénusien qui vécut plusieurs mois à Londres avec Rimbaud, son cadet de trois ans et trois mois. Germain était âgé de vingt-trois ans.

Dans le ciel de naissance de Verlaine, Rimbaud joue — sous les traits de Mars — un rôle essentiel.

Dans le ciel de naissance de Rimbaud, Vénus dans la Balance, conjointe à l'Ascendant Balance n'est révélatrice que de l'attrait qu'il exerce et de son désir irréductible de renouvellement. “Réinventer l'amour”. Pour Rimbaud, Verlaine, poète impressionniste et critique lumineux, lui donne, bien qu'il soit mort vivant, mort à la Poésie, un début de pérennité posthume.

Dans l'horoscope de Germain Nouveau rien ne permet d'identifier l'un ou l'autre de ses compagnons de jeunesse. Tout au plus peut-on voir que ces joyeux lurons ont, autant que lui-même, envie de voyager.

Il s'agit aussi de comprendre à quoi répond la miraculeuse Part-de-Fortune d'un poète qui signe « Humilis » et possède pour seul bien terrestre *Le calepin du mendiant.*

Série : Thème de naissance
Nom : Germain Nouveau
Date : 31 juillet 1851
Heure : 10 h (9 h 36 GMT)
Lieu : Pourrières (Var)
Longitude : 6° Est (+24')
Latitude : 43° 27' N
Temps sidéral : 6 h 58'

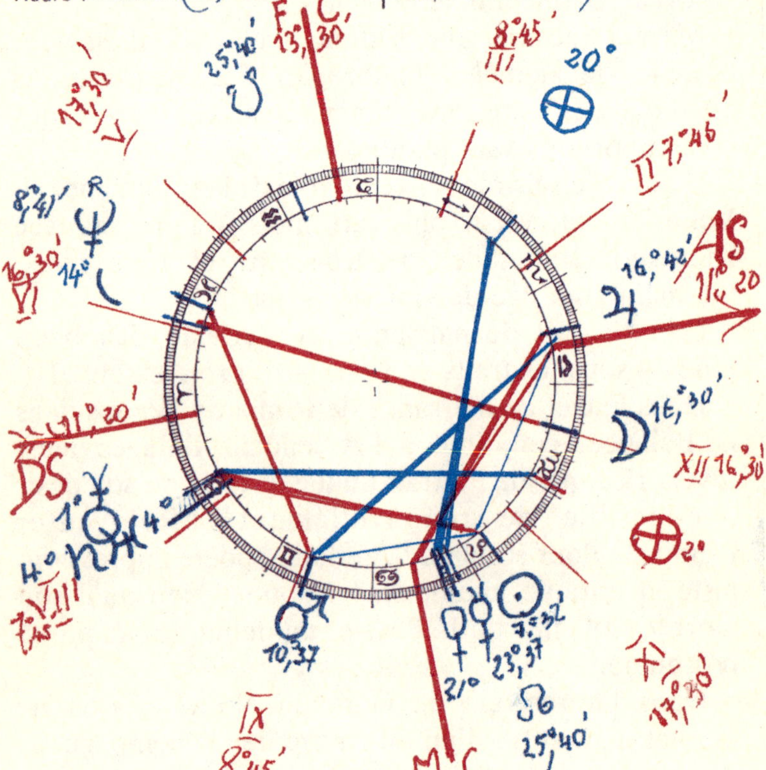

VÉGA, 175 BOULEVARD SAINT-GERMAIN, PARIS-6e

HOROSCOPE DE GERMAIN NOUVEAU

Il voit le jour à Pourrières, dans le Var, le 31 juillet 1851, à dix heures du matin.

Voici son ciel de naissance :

Astre dominant : Vénus.

Vénus qui symbolise l'amour culmine et prédomine au Milieu-du-Ciel, visible de toutes parts.

En tant que Maître diurne du signe aérien de la Balance, de l'Ascendant et de Jupiter, très représentatifs du caractère et du tempérament de Germain Marie Bernard Nouveau, Vénus lui inspire le culte de l'Amour et l'amour de l'art.

Au zénith et conjointe à Mercure qui mémorise en profondeur les sentiments éminemment religieux, Vénus, en tant que Maître nocturne du second signe zodiacal, ce signe terrien du Taureau et des astres qui s'y trouvent en 1851,

Vénus régit également

Pluton, conjoint à Uranus et Saturne confondus au même degré du Taureau et la VIIIe maison adonnée à la mort et à ses corollaires.

Conjointe à Mercure au Milieu-du-Ciel, Vénus dépeint, non seulement l'influence primordiale de l'Amour sur la personnalité joviale de Germain, mais également, *ses avatars et l'accomplissement téméraire de sa bouleversante vocation.*

Le 31 juillet 1851, deux heures avant midi, *le Milieu-du-Ciel*

brille dans le Cancer,
signe de l'exil de Saturne, de la chute de Mars et de l'exaltation de Jupiter, *signe lunaire et fondamental* en symbiose avec l'invisible nadir, appelé le Fond-du-Ciel, évocateur du pays originel, de la vie utérine et des abysses du subconscient.

Grâce à Vénus élevée au pinacle avec Mercure, l'amour profane et l'amour sacré prennent l'aspect d'un avènement sacerdotal contrecarré par l'épicurianisme de *Jupiter ascendant.*

En très mauvais rapport avec le Milieu-du-Ciel, et Vénus et Mercure au zénith, Jupiter et l'Ascendant de ce vénusien enclin à jouir, envers et contre tout, du bonheur d'être au monde, l'incitent à saccager toute carrière contraire à ses désirs, à dédaigner ou démériter toute situation en vue, mais soulignent son sens aussi rigoureux que singulier de l'honneur.

Et pourtant, le signe de l'exaltation de Jupiter est le Cancer lunaire où Vénus et Mercure expriment la condition sine qua non du succès d'une existence vouée à l'amour.
Mercure et la Lune sont "en réception" : dans le Cancer et au Milieu-du-Ciel, Mercure détient la position qui aurait dû échoir à la Lune. Par contre, dans le signe de la Vierge, mais aussi dans la XIIe maison appelée « l'Hôpital du zodiaque », la Lune, archétype de la mère de Germain, souffre dans le lieu même où Mercure pourrait utiliser son caducée.

En se « recevant » l'un l'autre, en échangeant leurs domiciles respectifs, Mercure se rendrait nécessaire, et la Lune, soulagée, accepterait la « dignité » qui doit lui revenir.

Maître diurne du Sagittaire et de la IIIe maison, assimilée aux amis, des amis véritables, aux écrits, des écrits véridiques, aux déplacements, aux mutations, Jupiter conserve son domicile nocturne dans le signe des Poissons, douzième signe frappé d'irrationalisme par l'exil de Mercure, mais ravi par l'exaltation de Vénus.

Dans ce signe qui est le sien, *Neptune,* seule planète rétrograde et seul astre situé sous l'horizon de Pourrières, Neptune forme avec l'Ascendant de Germain un aspect ambigu.

Dans ce douzième signe, dans le signe des Poissons qui coïncide avec la fin de la V° maison, la maison des amours et des conceptions de la chair et de l'esprit, Neptune rétrograde, mais dignifié révèle

un mysticisme

retardé dans sa manifestation.

Ce mysticisme asocial, ostentatoire et cependant admirable, paraît, aux yeux inattentifs des indifférents, amoral et dépravé.

Grâce à la compagnie scandaleuse de Lilith, émanation mythique de la femme libérée qui humilie les hommes et se voit méprisée par les épouses mariales et les mères vertueuses, grâce à Lilith, incomprise et vilipendée au XIXe siècle, grâce à Lilith, la dévergondée, le mysticisme hésitant, puis affiché du poète l'emporte en plénitude sur les épreuves de l'ascète.

D'ailleurs, Jupiter ascendant, qui possède un droit nocturne de regard sur le signe des Poissons, Neptune et Lilith, atteste la sincérité de G.N. qui se dénomme Humilis.

Malgré un aspect dubitatif entre Lilith et Jupiter ascendant, pour Jupiter qui légifère dans la Balance, le bénéfice du doute joue, peut-être, en faveur de Lilith.

Radicalement opposée à cette créature fantasmagorique,

la Lune évoque,

bien mieux que Vénus, la pauvre mère du pauvre Germain. Elle se tient dans le modeste signe de la Vierge, attribué à la santé, au travail, aux services des êtres prétendus inférieurs, humains sous-estimés, animaux domestiques et bêtes de somme, et sur la pointe même de l'Hôpital du zodiaque.

Mais c'est Lilith qui intègre Neptune dans son orbe.

C'est Lilith qui dispense au mysticisme éperdu de G.N. une dimension merveilleusement efficace : en rapport idyllique avec le Milieu-du-Ciel cet accouplement de Neptune et de Lilith s'avère intéressant. Il corrobore la consécration de G.N. dans l'art du « *Savoir aimer* ».

Cependant, pour se réaliser grâce à la voie triomphale de l'Amour, il faudra qu'Humilis extirpe du tréfonds de sa mémoire, haine, rancœur et rancune.

Le Milieu-du-Ciel, Vénus et Mercure endurent, dans le signe lunaire du Cancer l'influence obsédante de la Lune. Changeante comme la popularité, capricieuse comme la foule et comme l'humeur des femmes conditionnées par leurs menstrues, leurs maternités répétées ou l'entretien de leur famille, la Lune est la mère d'Humilis, une mère décriée au profit de Lilith. « En réception » avec Mercure, la Lune devra se joindre à Vénus. Alors, Humilis honorera sa mère afin de sanctifier l'Amour.

Par son opposition absolue à Lilith, la Lune confère à cette fabuleuse personne une consistance mystérieuse que seul Mercure élucidera.

La Lune est en bons rapports, d'une part avec Jupiter ascendant, et d'autre part avec le Milieu-du-Ciel qui dépend d'elle.

Hélas ! elle est maléficiée par Pluton et ce conglomérat sans précédent imaginable qui, pour ceux qui sont nés du 27 juillet 1851 au 6 septembre 1851 s'est formé au *même* degré du Taureau, domicile nocturne de Vénus, une Vénus idolâtrée, comme l'Ishtar des Babyloniens, pour sa fertilité, exil de Mars, mais lieu d'exaltation de la Lune féconde, et deuxième signe zodiacal affecté à l'obligation de gagner sa vie.

Dans le ciel de naissance de Germain Nouveau, Uranus et Saturne s'enchevêtrent aux abords de la VIIIᵉ maison taurobole, dévolue, par analogie avec le Scorpion, huitième signe zodiacal, à tout ce qui précède, accompagne et suit la mort, ici bas ou dans l'éternité.

Telle quelle, la Lune — qui n'est autre que l'image mémorisée de sa mère — n'apporte à Germain que misère et douleur.

Pourtant, comme par miracle, Mercure et Lune sont en mesure de partager leurs résidences, leurs dignités, et leurs aspects respectifs.

Cette intelligente interdépendance a pour effet la réhabilitation de la mémoire d'une mère mal aimée.

L'élévation de la mère d'Humilis est indispensable à l'acquisition d'une sérénité plus précieuse qu'une ordinaire Part-de-Fortune, tout comme elle est essentielle à l'apothéose de l'Amour : En parfait accord avec une éblouissante Part-de-Fortune, située dans la maison des gains, — acquis infimes ou substantiels sans lesquels des nécessiteux, trop fiers pour quémander, meurent de faim. —

Vénus et Lune culmineraient de concert au Milieu-du-Ciel.

Et Mercure, thérapeute remarquable dans le signe de la Vierge, exercerait son art dans l'Hôpital du zodiaque. Il exorciserait fantasmes et malaises. Et puis, il jugulerait la Part-d'Infortune du pauvre Germain ; sa Part-de-Malchance et de Malheur insolite, précise et navrante qui tombe au début du signe mercurien de la Vierge et dans la maison de l'espérance, forme un aspect étrangement bénéfique avec Pluton conjoint à Uranus et Saturne indiscernables l'un de l'autre dans le signe du Taureau.

Le transfert qui restitue à l'amour filial son

caractère sacré sans dénaturer le sens du divin dont Humilis est imprégné, ne se produit pas en 1881 quand Saturne, dissocié d'Uranus, se retrouve dans le signe du Taureau. La réflexion, commune à Saturne et au Taureau n'exhorte pas l'auteur de *La Doctrine de l'Amour* à réviser ses conceptions antérieures :

Bien que distinctes les unes des autres, et significatives de ce qui se passe dans l'univers terrestre, cinq planètes considérables, Saturne, Neptune, Jupiter, Mars et même encore Pluton, s'enchaînent dans le signe du Taureau sous l'égide irréfléchie d'une Vénus bien frivole dans le signe mercurien des Gémeaux.

Mais en 1910, Saturne se retrouve seul dans le Taureau, Jupiter dans la Balance, Vénus dans le Cancer : Germain Nouveau exige la destruction de ses manuscrits publiés à son insu, *La Doctrine de l'Amour* et *Valentines.* Il ne se reconnaîtra plus que le signataire d'*Ave Maris Stella,* pour s'exclure définitivement d'un monde ignoble au climat incompatible avec l'individualisme d'un épicurien dominé par l'Amour et dont l'Ascendant se situe dans la Balance et le Soleil dans le Lion.

Le septième signe, appelé *Descendant* a la Balance pour symbole. Dans ce signe équinoxal, attristé par la chute du Soleil et par l'exil de Mars, mais privilégié par l'exaltation de Saturne, dans ce signe d'automne où, pour les régions éloignées de l'équateur, la durée des nuits va l'emporter sur celle des jours, dans le Descendant, imparti aux autres, aux rapports sociaux, à la loi, à la justice, dans ce signe oscillant, domicile diurne de Vénus-Aprhodite, « étoile » et déesse de l'amour, adorée pour sa beauté, dans ce signe de mesure et de démesure où l'un des plateaux égaux penche, brusquement d'un côté ou de l'autre, dans ce signe instable se trouve l'Ascendant.

Jupiter vient de paraître.

Le signe de la Balance, Vénus et Jupiter décrivent

la nature et l'évolution de Germain Marie Bernard Nouveau.

Leurs significations et leurs aspects dénotent :

Une quête d'équilibre, de bonheur, d'amour, de beauté, d'harmonie.

L'Ascendant, si spécifique de la personnalité de Germain, s'accorde avec le Soleil estival, déjà haut dans l'azur de Pourrières, un Soleil prometteur et « dignifié » dans le signe du Lion, cinquième signe consacré aux amours et à la conception des œuvres vives, un Soleil, non pas au zénith, mais déjà au Milieu-du-Ciel, un Soleil qui témoigne d'une absolue droiture et d'espérances déçues.

Ce magnifique Soleil forme un aspect écœurant avec l'énorme configuration taurobole :

Pluton, révélateur du climat mondial de l'époque, entre à peine dans le signe du Taureau. Il dénonce les prémices d'une mentalité matérialiste marquée par les désordres d'une période à peine révolue. L'époque annoncée sera propice à la vulgarisation de l'enseignement, mais désastreuse pour la clarté d'esprit, pour la gloire et pour l'identité de Germain Nouveau.

Pluton, et puis, Uranus et Saturne amalgamés au quatrième degré du Taureau, essaiment la confusion, troublent, assombrissent et brouillent sa patrie, sa maison natale, sa famille, le début et la fin de sa vie, ses amours obstinées et les chefs-d'œuvre qu'il porte en lui.

La position de Pluton et l'occultation d'Uranus et Saturne imposent à Humilis un comportement d'autant plus déroutant que cet obscur ensemble planétaire forme un aspect enchanteur avec sa désolante Part-d'Infortune.

Mais sa chance irréfutable appelée
Part-de-Fortune
bénéficie de l'obédience de Mars.

Démonstratif dans le signe fraternel des Gémeaux,

et juché sur la pointe de la IX° maison promue aux aspirations spirituelles et aux grands voyages, Mars valorise les élans d'un esprit vigoureux à qui la providence donne la force de concrétiser son idéal, d'entreprendre, et même de poursuivre de longs voyages.

En rapports immondes avec Neptune, ce mysticisme d'Humilis qui compose avec Lilith une entité contestable, Mars forme avec l'Ascendant de Germain, cet Ascendant qui le personnifie, un bienheureux aspect :

Maître diurne du Bélier, signe capital de l'exaltation du Soleil, où, face à l'Ascendant, le Descendant concerne les autres, Mars, qui en dépit de ses aspects paradoxaux est superbe, Mars déclare hautement que Bélier et berger ne sont pas à même de juger le poète. Face au troupeau qui fonce vers l'abîme, Humilis n'a pas à justifier sa conduite aux diverses phases de sa vie, ni même ses moyens d'existence conformes à son humble apparence.

Maître nocturne du Scorpion, signe qui transcende la mort avec ses cortèges de dépouilles, de deuils, de legs et de dons, de dépouillements et de métamorphoses, Mars régit en même temps la II° maison située dans le huitième signe.

Cette maison utilitaire est marquée par le souci quotidien de subsister. Et elle contient l'étonnante Part-de-Fortune de Germain Nouvau !

Cet extraordinaire acquis forme avec Vénus au zénith, (et Mercure «en réception » avec la Lune) un aspect sublime.

Jour après jour, et tant bien que mal, en fonction de sa hauteur de vue et de ses besoins rudimentaires, cette chance prodigieuse lui procure un faisceau de joies qui contrebalance, autant que faire se peut, désillusions, dénuement et solitude.

A Maïté Dabadie

PAUVRE GERMAIN*

La petite églantine
attire l'insolent
dont la Part-de-Fortune
éclate en s'envolant.

Pauvre Germain, voyage
avec ton crève-cœur
et ta Part-de-Malheur
dit la rose sauvage.

Va t'en couper le houx,
la violette jaune
et les gueules de loup
sur la route de Gênes.

Au détour du chemin,
saccage l'élégante
et superbe agapenthe
qui nargue le jasmin.

Moi, je vis sur les haies,
mais j'ai peur des voyous.

---

* Paru dans le Cerf-Volant. Directrice : Madame Renée Garcia 25 rue Lamarck 75018 Paris.

Je couvrirais de plaies
l'amoureux le plus doux.

Ton désir m'importune,
attends encore, attends
que passe le printemps
dit la fleur enfantine

qui fane dans la main
de celui qui la cueille.
Alors, pauvre Germain,
attends qu'elle s'effeuille.

L'été durant balaie,
sans dépit ni dédain,
les roses du jardin
où vont mûrir ses baies

offertes sur le seuil
hivernal de la vie
à l'oiseau sans orgueil,
à l'homme sans envie.

Attends, pauvre Germain,
attends le vent d'automne.
Attends qu'elle se donne.
Tu mendieras demain.

PHILIPPE CHABANEIX

né au début de la nuit
dans l'hémisphère austral.
Le 20 mai 1898.

PHILIPPE CHABANEIX

Rade d'Albany — 1892 — Paris — 1982

Ce qui nous émeut dans ce beau ciel austral, c'est l'exaltation de la Lune, unie au Soleil, un Soleil qui règne sur les inspirations et les aspirations vitales d'un poète merveilleux, né pendant un voyage au long cours d'une mère et d'un père amoureux et poètes.

Grâce à l'intime conjonction des luminaires, quels que soient l'heure et le lieu d'une naissance, la Part-de-Fortune — ou la Chance — étroitement liée à l'Ascendant, protège le natif des maléfices de la Part-d'Infortune.

Mais d'être né sur un navire, un certain soir, à l'autre bout du monde et dans l'autre hémisphère, situe l'Ascendant et la Chance de Philippe, dans le Sagittaire, signe des grands voyages dans l'espace, dans le temps, dans l'imagination.

Poète élégiaque de romances au charme indicible, il s'apparente, par son Ascendant sagittairien et par ses affinités électives à Nerval, dont il adorait les poèmes d'une incomparable beauté, mais aussi les récits cristallins et mystérieux.

L'œuvre de Philippe Chabaneix possède, sous son apparente simplicité , une puissance d'incantation et d'envoûtement signifiée par la présence de Mars dans le Bélier et dans la maison des amours et de la création.

Série : Naissance N° :

Nom : Philippe Chabaneix

Date : 20 mai 1898

Heure : 18h30 (10h38 GMT)

Lieu : en rade d'Albany

Longitude : 117° 53' Est (+7h38)

Latitude : 35° Sud

Temps sidéral : 10h 24 09 + 12 et inverser les signes

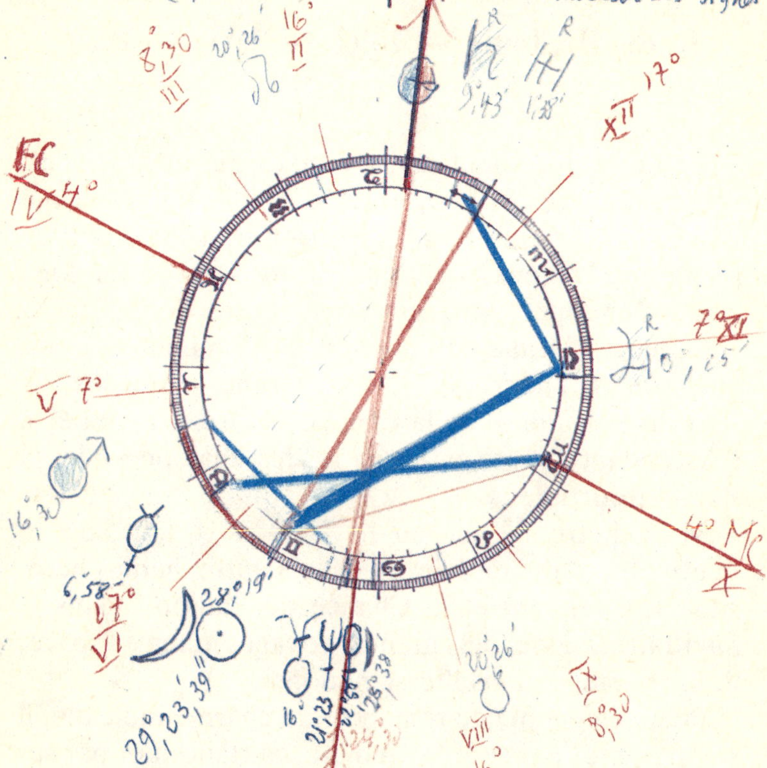

VÉGA, 175 BOULEVARD SAINT-GERMAIN, PARIS-6e

HOROSCOPE DE PHILIPPE CHABANEIX

Né le 20 mai 1898, à six heures trente du soir, en rade d'Albany, sur "l'Australien", dans l'hémisphère austral.

MARS

C'est dans le premier des douze signes du zodiaque, dans le Bélier

— domicile diurne de Mars et lieu d'exaltation du Soleil —

que se trouve, pour ce point de la Terre, à cette heure du soir de ce jour et de cette année, la première partie de la V° « maison », consacrée

— par analogie avec le Lion, cinquième signe régi par le Soleil —

aux amours et aux enfants issus de la chair ou de l'esprit, aux conceptions vitales.

Souverain exclusif du Bélier, seul et solitaire dans ce signe capital, Mars n'occupe cependant que la partie primordiale de la plus belle des maisons : Indépendant, irrésistible et thaumaturge, Mars exprime la force créatrice qui féconde et qui régénère.

Il forme un « aspect » mineur, mais néfaste avec la Lune et le Soleil, intimement unis dans les tout derniers degrés du Taureau.

Pourtant son action est bienfaisante.

PLUTON

Entre lui et Pluton

— planète excentrique et lointaine, révélatrice du climat d'une époque, « la belle époque » stigmatisée par l'invasion d'idéologies grégaires et préjudiciables —

l'aspect est d'autant plus bénéfique et d'autant plus important qu'il s'étend à Neptune, Vénus et Lilith, tous, comme Pluton, dans le signe fraternel des Gémeaux.

Neptune, Vénus, et Lilith se situent sur le seuil de la VIIe maison, appelée le Descendant :

— Face à l'Ascendant, (symbole d'un être qui paraît et qui respire) face à l'Ascendant de Philippe Chabaneix, la VIIe maison est décernée, par analogie avec le septième signe dont l'emblème est la Balance, aux autres, aux rapports avec autrui, à tout ce qui relève de la loi, des mariages, associations ou contrats, de la justice —

Avec Jupiter, maître éminemment bénéfique de l'Ascendant de Philippe, Neptune règne sur le signe des Poissons, lieu d'exaltation de Vénus.

Situés sur le seuil de la VIIe maison en Gémeaux, Neptune et Vénus s'accordent au signe des Poissons où se trouve le Fond-du-Ciel.

Dans les Gémeaux, Vénus, gracieux symbole de l'amour, se trouve entre Neptune qui l'idéalise et Lilith qui l'affecte

Opposés à l'Ascendant, — mais en bon aspect avec Mars, — Pluton, Neptune, Vénus et Lilith assemblés signifient :

Idéalisation de « la belle époque » avec ses charmantes conquêtes amoureuses, troublantes et troublées, dont l'accord subtil n'est que l'écho très mélodieux venu de toute éternité du Fond-du-Ciel aux profondes résonances.

Situé dans le signe des Poissons, douzième signe zodiacal, domicile de Neptune et lieu d'exaltation de Vénus, la IVᵒ maison, appelée Fond-du-Ciel, est impartie

— par analogie avec le Cancer, quatrième signe, domicile de la Lune et lieu d'exaltation de Jupiter —

aux origines, aux fondements de l'être, au tréfonds de l'âme,
à la maison paternelle qu'enchante un amour nuptial, merveilleux, mais attristé.

Dans les Gémeaux, Neptune, Vénus et Lilith aux innombrables visages, sont confrontés à l'Ascendant de Philippe Chabaneix, Ascendant prestigieux, à l'image de l'ascendant magistral et justifié qu'il exerce sur ceux, et sur celles qui s'assemblent, en face de lui, pour jouer un rôle aux multiples aspects.

Ainsi, grâce à lui, chaque femme qui l'inspire, le séduit ou l'agace a le sentiment d'exister.

Symbole aimable et mélancolique des amourettes que des jeux de miroirs multiplient à l'infini.

VÉNUS et MERCURE

De jour, Vénus règne sur la Balance où s'élève Jupiter, maître et protecteur, non seulement du Fond-du-Ciel et de l'Ascendant de Philippe où s'entremêlent et se confondent ses Parts-de-Chance, de Malchance et de Génie, mais aussi sur la partie sagittairienne de la XIIᵒ maison et sur Uranus et Saturne qui s'y complaisent.

De nuit, Vénus règne sur le Taureau, lieu d'exaltation de la Lune, où se situent, non seulement, Lune et Soleil conjoints, mais Mercure.

Non plus dans le Bélier primordial, mais dans le Taureau, second signe du zodiaque, non plus dans la première, mais dans la seconde partie de la superbe maison des amours et de la création, Mercure, au courant de tout, assume, délibérément, la réussite remarquable et reconnue d'une œuvre orphique dont l'apparente facilité paraît magique :

C'est que le Milieu-du-Ciel se déploie dans le signe de la Vierge, domicile nocturne et lieu d'exaltation de Mercure.

Visible, au zénith, la X° maison appelée Milieu-du-Ciel est la maison de la mère, de la mémoire et de la situation dans le monde qui, pour Philippe Chabaneix résulte de la position de Mercure :

Il ne s'agit pas de la réussite matérielle du commun des mortels, mais de celle d'une création accomplie.

Le zénith est l'acmé du poète.

En symbiose avec la Vierge, Mercure forme avec le Milieu-du-Ciel un magnifique aspect qui détermine la réalisation minutieuse des œuvres conçues sous l'impulsion de Mars en Bélier :

Ainsi, Mercure assume l'achèvement parfait des chefs-d'œuvres — poèmes et critiques — de Philippe Chabaneix.

MERCURE ET VÉNUS SONT « EN RÉCEPTION »

Maître des Gémeaux et de la Vierge, Mercure en Taureau dispose de Vénus en Gémeaux.

Maître du Taureau et de la Balance, Vénus, réciproquement, dispose de Mercure en Taureau : Mercure et Vénus ont le privilège de pouvoir échanger leurs attributs, domiciles et lieu d'exaltation.

Mercure met sa lyre, son habileté, ses connaissances utiles au service de Vénus, et Vénus met ses charmes au service de Mercure.

Ainsi, l'intelligence créatrice et les muses agissent-elles de concert sur les maisons, astres et symboles situés en Poissons, Gémeaux, Vierge, Balance et Taureau.

En Poissons : sur tout ce qui a trait au passé, à l'harmonieuse maison paternelle ;

En Gémeaux : sur les attraits de « la belle époque » aux idéologies envahissantes, à l'esthétique douteuse, et sur autrui ;

En Vierge : sur la situation en vue, les servitudes, les obligations, sur les services qui rendent heureux ;

En Balance : sur les honneurs justifiés, les espérances légitimes, les appuis et les médecins habilités, les principes élevés et judicieux, les amis solidaires et compréhensifs.

EN TAUREAU : SUR LUNE ET SOLEIL CONJOINTS :

LUNE et SOLEIL

A cette heure il fait nuit dans l'hémisphère austral :
Sous l'horizon, dans la VI° maison attribuée

— par analogie avec la Vierge, où se situe le Milieu-du-Ciel —

au service, à la santé, au travail, se trouvent, encore en Taureau,

LUNE ET SOLEIL CONJOINTS.

La Lune est si proche du Soleil qu'elle forme avec

lui l'archétype du couple parental uni sous le caducée de l'amour.

Encore décroissante, mais encore en Taureau, la Lune, en fin de lunaison, est heureuse dans le signe de son exaltation. Occultée, mais confiante, elle va ressusciter, avant même d'entrer dans les Gémeaux, comme pour annoncer à la Terre sa prochaine immortalité.

La Lune régit le Cancer, signe fondamental où se trouve la VIII° maison réservée — par analogie avec le Scorpion, huitième signe, domicile nocturne de Mars, lieu d'exaltation d'Uranus, mais aussi de Pluton — à la mort et à la survie, aux dons innés, aux legs importants.

Et le Soleil, exalté dans le Bélier capital où s'inscrit, avec Mars, la première partie de la V° maison, le Soleil règne sur le Lion royal, cinquième signe consacré aux nobles amours, aux conceptions vitales, au cœur et au courage.

A cette heure du soir, de ce jour et pour ce point de la Terre, le signe du Lion englobe la majeure partie de la IX° maison, vouée — par analogie avec le Sagittaire, neuvième signe symbolisé par la flèche, le Centaure et le feu sous la cendre — aux fulgurances de la pensée, aux voyages au long cours dans l'espace et dans le temps, aux élans chevaleresques, à la flamme toujours prête à renaître :

Unanimes, la Lune et le Soleil — opposés aux plus belles spéculations, pronostics, diagnostics ou prophéties qui leur semblent dépassés — la Lune et le Soleil qui participent aux mêmes aspects, éclairent ensemble la VIII° et la IX° maisons. Toujours ensemble, ils forment avec Jupiter un aspect sublime.

JUPITER

Encore au Milieu-du-Ciel de cet incomparable thème de naissance, Jupiter est l'astre le plus élevé, situé, non pas dans la Vierge, mais dans la Balance ; sur le point d'y reprendre sa marche directe, Jupiter va se rapprocher de la XI° maison, dévolue — par analogie avec le Verseau, onzième signe, domicile diurne de Saturne et d'Uranus — aux projets optimistes et généreux, à l'espoir.

Jupiter, aux aspects multiples et bénéfiques donne tout son sens aux luminaires et planètes, aux maisons de l'horoscope dans les signes du zodiaque. Toujours au Milieu-du-Ciel, il prolonge l'acmé du poète.

Maître des Poissons où se trouve la IV° maison, Jupiter authentifie l'origine des secrètes et musicales résonances de la maison paternelle et le rôle, face à l'Ascendant, de Neptune, Vénus et Lilith étroitement conjoints en Gémeaux, sur le seuil de la VII° maison assignée à différents rapports avec autrui, en particulier dans le mariage.

Maître du Sagittaire, des maisons et des planètes, des symboles et de l'Ascendant qui s'y trouvent, Jupiter catalyse les interférences entre les astres, leurs domiciles et lieux d'exaltation, mais demeure sous l'empire de Mercure et de Vénus : de Mercure qui préside au destin du poète et de Vénus qui l'inspire.

Comme Vénus et Mercure,

JUPITER ET SATURNE SONT EN RÉCEPTION

Jupiter, en Balance, lieu d'exaltation de Saturne, et Saturne en Sagittaire, domicile diurne de Jupiter, sont en mesure d'échanger leurs domiciles et lieux d'exaltation. Garants l'un de l'autre ils se complètent. Le sens de l'honneur, les justes principes, la compréhension amicale influencent, non seulement, la Balance, la partie sagittairienne de la XII° maison, l'Ascendant en Sagittaire et les Poissons, mais également le Capricorne, le Scorpion et le Verseau.

Dans le Capricorne, domicile nocturne de Saturne et lieu d'exaltation de Mars, la II° maison exprime,

— par analogie avec le Taureau, —

la nécessité de gagner sa vie.

Dans le Scorpion, domicile nocturne de Mars et lieu d'exaltation de Pluton — et d'Uranus — se trouve la première partie de la maison des douleurs et de la grâce. Dans le Scorpion, huitième signe réservé à la mort, à la résurrection, à la survie, à l'immortalité, commence la XII° maison :

En Scorpion, dans la XII° maison il s'agit de vaincre la mort.

Seul maître du Bélier, que par bonheur, il occupe, et du Scorpion qu'il domine victorieusement, Mars, grâce à ses rapports privilégiés avec Pluton, parvient à maîtriser la mort.

En dépit des épreuves et des souffrances endurées, la force créatrice qui anime le cœur et le cerveau de Philippe régénère son organisme.

Dans le Sagittaire — non pas dans l'Ascendant, mais dans la deuxième partie de la XII° maison — les rétrogradations de Saturne et d'Uranus traduisent un irrépressible désir de ressusciter le passé aux souvenirs salvateurs ou réconfortants :

L'interaction, non seulement de Mars et de Pluton, mais celles, conjuguées, de Neptune, Vénus ; Vénus, Mercure ; Jupiter, Saturne, Uranus ; prolongent pour lui la « belle époque » de sa jeunesse.

Comme Neptune et Vénus, conjoints en Gémeaux,

détiennent du Fond-du-Ciel, situé dans les Poissons, leur signification fondamentale,

la conjonction d'URANUS et SATURNE en Sagittaire et dans la deuxième partie de la XII° maison, valorise le signe du VERSEAU où se trouve la III° maison :
Uranus et Saturne, Saturne, en réception avec Jupiter, Uranus et Saturne, réunis en Sagittaire, sous la bénéfique obédience de Jupiter lui-même, donnent à la III° maison toute sa signification.

C'est dans le Verseau, onzième signe du zodiaque, — domicile diurne de Saturne et d'Uranus, protégé par Jupiter en réception avec Saturne — c'est dans le généreux Verseau que se trouve la III° maison accordée — par analogie avec les Gémeaux, troisième signe du zodiaque — aux amis, aux écrits, aux échanges, aux publications.

Les amis sont éprouvés et réunis.

Les écrits remarquables, frappants par leur unicité, les échanges salutaires, les publications favorablement accueillies.

Dans ce ciel de naissance aux étonnantes corrélations, aux merveilleuses convergences, tout se passe constamment comme si la barbarie, les périls et le grégarisme du monde avaient pour effet de souligner le libre-arbitre de Philippe Chabaneix et de célébrer le caractère unique de son inspiration et de son œuvre accomplie et vivace, éternellement actuelle.

TABLE DES THÈMES

CERVANTÈS

NERVAL

VERLAINE

RIMBAUD

GERMAIN NOUVEAU

CHABANEIX

ACHEVÉ D'IMPRIMER
EN OCTOBRE 1985
SUR LES PRESSES
DE L'IMPRIMERIE DU VIADUC
À CHAUMONT